# EN'EL AŞK
## Bir Damlanın Nidası

**KENAN KOLDAY**

HERMES YAYINLARI - 113

ISBN 978-605-7737-41-0

**Birinci Basım**
Kasım 2020

**Editör**
Hasan Uygun

**Kapak Tasarımı**
Melek Öztürk

HERMES YAYINLARI
©Tanıtım amacıyla kısa alıntılar dışında
yayıncının izni olmaksızın hiçbir yolla çoğaltılamaz

www.hermeskitap.com
www.hermetics.org
facebook.com/hermestrismegistuss

**Hermes Yayınları**
Hobyar Mahallesi Cemal Nadir Sokak No: 24
Büyük Milas Han Kat: 1 / 101-2
Cağaloğlu - Fatih - İstanbul
Tel: 0 212 519 93 79
e-mail: hermeskitap@gmail.com
Sertifika No: 46756

**Baskı ve Cilt:**
**Mikyas Basım Yayım**
Alemdar Mah. Güzelsanatlar Sk. No: 2A
Fatih / İstanbul
Tel: 0 212 528 95 28
Sertifika No: 35532

# EN'EL AŞK
## Bir Damlanın Nidası

### KENAN KOLDAY

HERMES

# KENAN KOLDAY

*Kurumsal yönetici, yaşam koçu, yazar, konuşmacı, eğitmen*

*www.kenankolday.com*

1975 yılında İzmir'de Dünya'ya geldi. Özel İzmir Amerikan Koleji'nden mezun olduktan sonra 1998 yılında Dokuz Eylül Üniversitesi Endüstri Mühendisliği Bölümü'nü bitirdi. Planlama Mühendisi olarak başladığı iş hayatında 3 yabancı menşeli global firmanın İzmir'de kuruluşuna üst düzey yönetici olarak liderlik etti. 2018 yılında çalıştığı Fortune 500 firmasından gelen teklifle Amerika'ya taşındı.

**"Ben kimim?"**, **"neden buradayım?"**, **"nereden geldim, nereye gidiyorum?"** diye 9 yaşından itibaren hayatı ve kendini sorgulayarak başladığı hakikat arayışını **parapsikoloji, ruhsal öğretiler, Doğu felsefesi ve Klasik Batı felsefesi, ezoterizm, karşılaştırmalı teoloji, sembolizm, mistisizm, Tasavvuf, strateji ve liderlik, kişisel gelişim ve psikoloji** gibi farklı alanlardaki uzun süreli araştırmaları ve çalışmaları ile sürdürmektedir.

Bir **Adler** koçu olan Kenan Kolday, **"kendini geliştirmek ve daha iyi bir Dünya için insanların hayatında olumlu fark yaratmak"** vizyonuyla 2010 yılından itibaren hem sosyal ve hem de iş hayatında 2000 saat koçluk ve mentörlük yaptı, 80'den fazla inanç, bilim, felsefeyi birleştiren eğitim ve seminer verdi.

Milliyet Blog, Blogspot, Medium ve Felsefe Taşı Dergisi'nde **"Kendini Bil"** temasıyla yazdığı 400'den fazla blog makalesinden sonra 2017 Aralık ayında yayınlanan **"Ruhun Kozmik Yolculuğu"** adlı ruhsal gelişim kitabıyla, 2019 Aralık ayında yayınlanan **"Ruhu olan Robot"** adlı yapay zekayı konu alan ezoterik bilimkurgu romanıyla ve **"Mutluluk Nedir?"**, **"Uzlaşmaz Zıtlıkların Birlikteliği"**, **"Kadın Aşk'tır, Aşk Can'dır"** adlı e-kitaplarıyla hobi olarak yazarlık yaşamına devam etmektedir.

Halen liderlik ve ruhsallığı birleştiren bir liderlik kitabı ile Ruhu Olan Robot'un devamı niteliğindeki yeni bir roman üstünde çalışmaktadır.

*Kendimi bilmeye çalışırken haddimi de bilmeyi bana*

*öğreten...*

*Ateşlerde beni yürütüp, İlahi Aşk, varlık birliği ve hizmet*

*ile tanışmama vesile olan...*

*Gönlümü taşırıp içimdekileri dağlara taşlara yazdıran,*

*altı yöne isyan ettiren, içimdekileri dört bir yöne*

*haykırtan...*

*Biricik oğluma,*

*aslan KAAN'ıma...*

*Kitabımı okuyarak engin Tasavvuf tecrübesi ve bilgisiyle bana ayna olan İhsan Alp üstadıma ve eşsiz katkılarıyla içeriği geliştirmeme vesile olan Erhan Aslan kardeşime sonsuz teşekkürlerimi sunarım.*

# Kusur görenindir

Önüne bak da bir düşün hele!
Olabilir mi kusur bu saat gibi işleyen evrende?
Sanır mısın ki olanlar oluyorlar rasgele?
Bir anlasan, korkarsın düşünmekten böyle alelade

Görünenden fazlası var bu "kâinat-ı muazzama"da
Akıl ve kalp gerek olan biteni anlamaya
Görünen var olabilir mi ihtiyaç olmadan bir düzen kurucuya?
Sen bu yüzden iman et kadere, düzene ve Yaradan'a

Nereye bakarsan bak O'ndan başkası yok aslında
Suretler diye gördüklerin aslında bir yanılsama
Yanılsamaya takıldıkça başlarsın kanıksamaya
Sanırsın gerçek bu yaşadığın sahte rüya

İşte böyledir bu rüya
Alır götürür aklını, sen suretlerin ardına bakmazsan hala
Suretler Hakk'a aynadır anlayana
Ayna tutuldukça sana, bir gün varacaksın Yaradan'a

Her şey O'nun farklı tecellileri ise eğer
Tüm bu kozmik tiyatrodakiler mucizeymiş meğer
Kötülük ve iyilik hepsi aynı madalyonun farkı yönleriymiş
meğer
Sen bunları bir görmek iste, zıtlıkların birliği sana aşikâr ola-
caktır iste yeter

Her şey mucize ise evrende, kusur olur mu bir düşün hele
Tüm görünen mevcudat O ise, olabilir mi acaba kusur bu ev-
rende?

Soruyorsun o zaman tüm bu "oyun niye?" diye
Parçalar tekâmül etsin, kendilerini hatırlayıp Bir olarak ana kaynağa dönsün diye

Her şey oyun, ten kafesinde tekâmül eden ruha
Sen, sen ol suretlere ve engellere takılma
Sakın ola bir mucize olan var oluşta bir kusur arama
Cennet olur dünya, kusur araman bitip sen huzura varınca

Beşeriz hata yapacağız elbet
Yeter ki hata yapınca hemen fark et
"Kusur görenindir" diye hatırla olanı olduğu gibi kabule meylet
Sen kabul ettikçe her yer olacak sana cennet


Kenan Kolday

# İÇİNDEKİLER

# GİRİŞ

Allah beterinden saklasın, 2012-2017 dönemi boyunca beni sarsan ve ardı ardına gelen zor hayat sınavlarından, şükürler olsun ki dik ve daha güçlü çıkabilme sebebim, ruhsal ve felsefi çalışmalarıma ek olarak Tasavvuf felsefesine gönül vermem ve daha önceden içimde hissetmediğim, az birazcık tatmama izin verilen Aşk'tır.

İzin kavramından bahsetmek önemli. Zira, Rönesans sonrası barut, pusula, tüfek ile başlayan zenginlik döneminden beslenerek gelişen bilim bizlerin insana, dünyaya, hayata ve evrene dair bilgilerimizi artırırken, attığımız Evraka nağraları entelektüel kibrimizi de tetikliyor. Hal böyle olunca yükselen bireyselcilik (individüalizm) akımı ile birlikte kendi cüz-i iradesiyle her şeye hükmedebileceği zannına kapılıyor beşer insan. Hem de kâinat-ı muazzamanın sonsuzluğu içinde bir kum tanesinden bile küçük bir gezegende yaşarken. İşte bu yüzden evrende her şeyin üstünde bir plan yapanın olduğunu hatırlayarak külli iradenin izin vermediği hiçbir şeyin olmadığını ve olamayacağını naçizane hatırlamamız gerektiği kanaatindeyim. Her şey izne tabi.

"Aşk" derken **Antik Yunan**'daki beşerî aşk, yani **Eros**'tan bahsetmiyorum. **Plotinus**'un esrimeler ile anlatmaya çalıştığı İlahi Aşk

yani **Agape**'den, Yunus Emre'nin "ışk"ından bahsediyorum. **Leyla'dan Mevla'ya** geçişten bahsediyorum. Bu da Tasavvuf'ta **akıldan kalbe geçiş** olarak tanımlanan bir süreç.

Haddimize değil henüz **Aşk sultanı** olmak. Benimkisi sa-

13

dece hiç okyanusu görmemiş bir çocuğun şaşkınlıkla "Evraka" deme hali. Ancak buna da şükür.

Oğlumun çevresinde dönen bu zorlu süreç olmasa bunu tadamazdım. O yüzden inanıyorum ki, **Niyazi Mısri "derdim meğerse dermanım imiş"** derken haklıymış. Her şey olması gerektiği gibi oluyormuş zaten. Zaten farklı olabilse, onu seçerdik. Tasavvufa ben **GÖNLÜMÜN KAAN**'ı diyorum. Çünkü bana göre insanın **beden-akıl-ruh** olarak tabir edebileceğimiz üç temel yönüne denk gelen **bilim-felsefe-inanç** kavramları, **ilahi Aşk ve tevhid** olmadan tamamlanmıyor. Her üç birbirine zıt görünen alan bana göre birlikte döngüsel olarak kullanılmadan insanın tekamülü **holistik** olarak başarıya ulaşamaz ve **zıtlıkların birliği** yani tevhide götüren Aşk, bu üçgenin ortadaki **denge ve birleşim noktası**dır. Aşk, çatılan üç tüfeğin durmasını sağlayan denge noktası gibidir. O bir gedik taşıdır.

O beş yıllık bu zor dönemde anladım ki, insanın en zor zamanlarda çevresindeki herkes düştüğünde, insan yapayalnız kaldığında, çevresinde az sayıda dostu kalıp, az insan arar sorar olduğunda...

...gelen tek yardım insanın kendi içinden gelen yardımmış,

...en zor anda Allah'tan başka sığınılacak liman yokmuş. Gerçek dost Allah'mış,

...Aşk ve tevhid olmadan inanç-bilim-felsefe bir yerde hakikate yolculukta tıkanıyormuş,

...aklın özgürlüğü, Aşk ile tamamlanıyormuş.

**Aklın özgürlüğü** kavramı tüm özgürlüklerin anası. Davranış özgürlüğü, düşünce özgürlüğü, inanç özgürlüğü, ifade özgürlüğü, iletişim özgürlüğü, çalışma özgürlüğü ile başlayan uzun bir **özgürlükler listesi** oluşturmak pekâlâ mümkün. Ancak **hiçbir özgürlük, aklın özgürlüğü tesis edilmeden hakkıyla kullanılamaz**.

Peki aklın özgürlüğü ne ola?

**Dogma, taassup, cehalet, batıl ve kör inançlar, korkular ve bağımlılıklardan sıyrılmış bir akıl, özgür akıldır.** Zor değil mi?

Kendi içine yolculuk yaparak şeytanını Müslüman etmeyen veyahut başka tanımla egosunu müttefiki kılamayan, aklını da özgür kılamaz. Ancak bu kıldan ince kılıçtan keskin yol sadece akıl ile yürünemeyeceği için kuşun tek kanatla uçamaması gibi gönül olmadan da bu yolda sona kadar yürünemez.

Yukarıda az biraz aşikâr ettiğim zor dönemlerde yerden elimde toprak ile kalkmama ve onardığım kırık kanatlarımı çırpmama vesile olan Tasavvuf üstüne yazmak benim için çok anlamlı. Zira zorluklar karşısında bilfiil yaşayarak anlamak zorunda kaldıklarım gönül bahçemde hiç bilmediğim çiçeklerin açmasına vesile oldu.

> *Dogma, taassup, cehalet, batıl ve kör inançlar, korkular ve bağımlılıklardan sıyrılmış bir akıl, özgür akıldır*

Dolayısıyla, ansiklopedik bir anlatım yerine daha az bilen yönlerine vurgu yapmaya ve gerçek hayat ile bağlantılar kurmaya çalışacağım. Amacım bu kitap ile Tasavvufu derinlemesine incelemek değil, sadece kendi hayat tecrübemde beni kanatlandıran bir yolu basitleştirerek kendi esrimelerimle anlatmak. Lakin, bu işin uzmanları ve pirleri tüm söylenecekleri yazmışlar ve yazıyorlar. Benimkisi sadece minnettarlıkla yapılan bir özet.

Belki de aç ve susuz bir bedevinin çölün ortasında denk geldiği bir vahada kana kana içtiği suyla serinlerken attığı bir nara; muhtemelen minnettarlık dolu bir nida. Hz. Mevlana'nın dediği gibi hakikat okyanusuna dalanlar hal makamında lal kesilecekleri için bizimkisi okyanusu uzaktan görmenin, hakikatin azıcık cennet kokusunu almanın cezbesiyle hadsiz bir haykırış olsa gerek. Ama ne yapalım. Böyle bir aşka gelmemiş bir şehir dervişi hakikat deryasından bir kepçe alıp da coşunca bu eşsiz hazineyi duymayanlara aktarmadan duramıyor. Çünkü, bizler içinde bulunduğumuz toplum ve hatta dünya kadar güçlüyüz.

---

*Hiçbir özgürlük, aklın özgürlüğü tesis edilmeden hakkıyla kullanılamaz.*

---

Bilen bilmeyenden sorumlu bana göre. İşte o yüzdendir bu ham haykırışım.

Bu hadsiz haykırışı gönlümüzden çıkartan, bizi bizden aldırana şükürler olsun. Okyanustan kopan ve kaynağını arayan damlaya tenezzül ederek kaynağını hatırlatana selamlar olsun.

*Naçizane çalışmamın tüm kusurları bana ait olup, eksik, noksan ve hatalı tarafları henüz kaynağına kavuşmayı ümit eden bir damla olarak her şeyin sahibinin hakikat okyanusundan acizane minik kabım kadar içebilmemdendir.*

# -1-
# TASAVVUF NEDİR?

# TASAVVUF KISACA NEDİR?

Tasavvuf ilahi Aşk'a ulaşmanın hikayesidir, yoludur, sürecidir. Çok iddialı geldiyse, sebebini şöyle anlatayım.

**Big Bang (Büyük Patlama)** ile bilimde anlatmaya gayret ettiğimiz **Yaradılış** fenomeni, mutlak tevhidden önce zıtlıklara, sonra çokluğa ve çokluğun farklara geçişi diye kısaca özetlenebilir. Evreni hücrelerden oluşan hücreler bütünlüğü olarak tanımlarsak, her hücre farklı yapı ve özelliklere büründükçe Tasavvuf terimiyle **"farklar alemi"** ortaya çıkıyor. Ve bu farklar BİZ'in farkına varmayıp, "BEN, SADECE BEN" dedikçe **AYRILIK** oluyor. **Ten kafesinde** tekâmül yolculuğu yapan Ruh, işte böylece "İlahi Öz"ünü ve yurdunu unutuyor. Dünyevi acı ve ıstırap ise, aynı sazlığından kopan neyin nazlı sesi gibi, bu özlemden dolayı. Ama hepsi ölümsüz ruhun tekamülü için.

Ünlü kadim Hint destanı **Mahabharata**'nın bir kısmı olan **Bhagavad Gita (Tanrı'nın Ezgisi)**'da şöyle bir söz var...

*"Bireysel BEN, maddi beden arabasındaki sürücüdür."*

Ruh, beden denilen ceset vasıtasıyla fiziksel alemde tekâmül ediyor.

Yaradılış süreci aslında bize hakikati arayış yoluna dair çıkış yolunu da veriyor. Yapmamız gereken şey, süreci tersten izlemek. Farklar aleminde önce kendi acizane halimizi ve ilahi kaynağımızdan gelen naçizane özümüzün farkına vararak, önce BEN'den BİZE ve sonra da **O'na** geçerek insan farklılıkları bir edebiliyor. Tevhid hali, **farklılıkların kabulü** ve zıtlıkların **BİR edilme** halinden geçen bir **psiko-ruhsal** süreç bana göre.

---

*Bireysel BEN, maddi beden arabasındaki sürücüdür.*
**Bhagavad Gita**

---

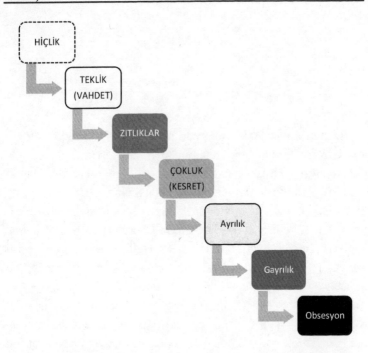

BEN'den BİZ'e, BİZ'den O'na geçişi bir kıssayla anlatmaya çalışayım.

*Hikâyeye göre adamın birisi ölmüş ve hikâye bu ya, cennete gitmiş. Cennet devasa bir kapının ardındaymış. Adam merakla kapıyı çalmış. Bir anda gelen kudretli ve yüce bir sesle irkilmiş. Bu ses Allah'ın sesiymiş. "Kim geldi?" diye sormuş Allâh. Adam da titreyerek "BEN geldim," demiş. Allah hemen cevap vermiş. "Dön dünyaya, biraz daha yaşa da gel o zaman."*

*Adam tekrar dünyadaki yaşamına geri dönmüş. Hayatına kavuştuğu için mutluymuş. Bir süre sonra tekrar ölüp cennetin kapısına gelmiş. Kapıyı çalmış adam. Bu sefer hayatta öğrendiği onca şeyden sonra cennete kabul edileceğinden gayet eminmiş.*
*"Kim geldi?" diye sormuş yine Allah.*
*"BİZ geldik," diye cevap vermiş adam.*

*Ancak bu cevap da yeterli değilmiş. "Dön dünyaya, biraz daha yaşa da gel o zaman," diye cevap vermiş Allah.*

*Adam ne olduğunu şaşırmış, ancak tekrar ölümden dönüp hayata gözlerini açtığında yeni bir şans verildiği için minnettarmış.*
*Yıllar yılları kovalamış ve adamımız bir gün o zamana dek tüm yeni öğrendikleriyle vefat etmiş. Yine cennetin kapısına varmış.*
*Büyük bir edep ve tevazu ile kapıyı çalmış usulünce.*
*"Kim geldi?" diye sormuş yine Allah.*
*"SİZ geldiniz," diye cevap vermiş adam.*
*Ve cennetin kapıları sonuna dek açılmış.*

Kıssadan hisse çıkarmazsak hikâye dinlemeye ne gerek var dostlar.

Özetle, **vahdetten kesrete ve sonra kesretten vahdete** bir kozmik yolculuğun parçalarıyız. Kadim Hint öğretisi olan Vedik felsefede **Brahma'nın Gecesi ve Gündüzleri** ile anlatılıyor bu döngü. Artık bilim insanları da "**evrenin kalp atışları**" dedikleri **kaos-yaradılış döngüsü** fikri ile bu döngüye işaret ediyorlar.

İşte Tasavvuf "**damla**"nın içinde bulunduğu "**kabı**" anlama sürecidir. Kabının diğer kaplar içindeki yerini görme sürecidir. Damlanın kaptan daha büyük olduğunu ve sadece kısıtlı bir süre için "**kozmik tiyatro**"da verilen bir "**görevi**" (swadharma) icra için o kapta olduğunu anlama sürecidir. Ve damlanın

*Sonu VUSLAT ile bitmesi niyaz edilen bir AŞK HİKAYESİ'dir Tasavvuf.*

aslında bir zamanlar koptuğunu sandığı "**okyanus**"un ta kendisi olduğunu bilmesidir. Ve her ne kadar okyanusun bir parçası olsa da o an kabı içindeki kısıtlı imkanları sebebiyle henüz okyanus olmadığını kabul ederek "**haddini de bilmesi**"dir, ki buna "**fakrını ve aczini bilmek**" diyor mutasavvıflar. Ve tüm bu süreçte damlanın kabının içindeyken bile, okyanus ile birleşmesidir.

Kısaca özetlersek, sonu VUSLAT ile bitmesi niyaz edilen bir AŞK HİKAYESİ'dir Tasavvuf.

# TASAVVUF NASIL BİR YOL'DUR?

20'nci yüzyıl mutasavvıflarından **Kenan Rıfai**'ye "Tasavvuf nedir?" diye sormuşlar. "İncinmemek ve incitmemektir" diye yalın bir cevap vermiş.

Zira Tasavvuf kişinin kendisine **AYNA** tutup, kendi içsel yolculuğunu yaparak **kâmil insan** olma çabasında, **inisiyatik** süreçle başlayan, **mertebeler halinde** ilerlenen bir **denge yoludur**.

*İnisiyasyon, duygular dünyasına hitap eden semboller ve alegoriler vasıtasıyla düşündürerek kişiyi maddesel yaşamındaki illüzyon ve cehaletinden uyandırmayı amaçlayan bir törendir. Maddi yaşamdan ruhsal bir yaşama bu dünyada yaşarken girişin törenidir. Kadim zamanlardan beri dünya üstündeki tüm batıni (ezoterik) sistem ve doktrinler yola girmek isteyenleri inisiyasyon adı verilen bir tören ile kabul etmişlerdir. Yollar farklı olduğu için inisiyasyon törenleri de farklıdır. Ama ortak olan bir şey vardır ki, yola giriş ise talep ile başlar. Talep etmeyene sırlar verilmez. Sırlar ehil olana, hazır olana ve onları kaldırabilecek olanlara emanet edilir. Tasavvuftaki farklı yollarda da inisiyasyon vardır.*

---

### TASAVVUF İNCİNMEMEK VE İNCİTMEMEKTİR. – KENAN RIFAİ

Tasavvuf ne sadece esrimelere ve ilhamlara dayanan salt mana alemine yakın bir mistik ekoldür, ne de salt dinin şeriatına yakın kurallar bütünüdür. **Hakk'tan alıp halka vermek ve halk içinde Hakk ile olmaktır.** Yani ne SIFIR'dır ne de BİR. Grinin tonlarına imkân tanır, ancak çapasını mutlak, Bir ve Bütün olan Allah'a atmıştır. **Hem deterministtir hem de değil.** Felsefede rasyonalizm ile ortaya çıkan ve bugün modern bilimin parçala-böl-incele-birleştir yaklaşımı olan **indirgemeciliğin** tersine hayata, **insana ve kâinata** bütünsel **(holistik) bakar ve inceler.** Hem **akıl** hem de **kalp** der.

Ancak felsefe de değildir, çünkü felsefede her şeyin sorgulanması prensibine zıt olarak bazı Tasavvuf'un bazı akılla ve bilimle kanıtlanamayacak kabulleri vardır. Zira akıl her şeyi bilemeyeceği için kalbin transformatörü olduğu ilhamların ve sezgilerin önderliği Tasavvuf'ta önemlidir. Bu yüzden bu kabullerin bazıları insanın kâmil insan olma mücadelesinde bazen **aklın özgürlüğü** kavramı ile örtüşmeyebilmektedir. İşte bu yüzden felsefeciler ile mutasavvıflar arasındaki uzlaşmazlık ortaya çıkmıştır.

*BİLGELİĞİN DUDAKLARI HAZIR OLMAYAN KULAKLARA KAPALIDIR.*

Tasavvuf'ta iman, tevekkül vardır. Felsefede hakikatin bilgisi **kesb** (çalışarak) ile elde edilir, Tasavvuf'ta ise hakikat hepimizin içinde dürülü olduğu için kişinin kendisini bilip hicaplarını (perdeler) kaldırmasıyla ortaya çıkar, yani **hatırlanır.**

Öğrenmek, felsefede dıştan içedir, Tasavvuf'ta ise içten dışa. Ayrıca felsefe, hakikati arayışta eleştiren akla ve bilimsel yönteme dayanırken, Tasavvuf hakikati arayışa önce akıl ile başlar sonra kalbe geçer. Yola önce akılla çıkılır, sonra akıldan da çıkılır ama akıl hiçbir zaman bırakılmaz. Akıl ve kalp birlenir, dengelenir.

**"Oku"** emri ile başlayan **Kur'an-ı Kerim**'in o ilk mesajının, **Mesnevi**'nin başında **"Bişnev"** yani **"dinle"** denerek hatırlatıldığı gibi kulaktan ve gözden akla ve kalbe nakledilen bilgiler, hakikatin nurunun idrakiyle **veled-i kalbi doğurur**. Ve sonra nur, tüm vücudu kaplar. Aşk, insanı istila eder. İşte o zaman kişi HİÇ olarak, Allah'ın varlığına çekilir, vuslata kavuşur. Yokluk ile aslında kastedilen budur, bir hırka bir lokma değil. *"Allah yolunda tüm kapıları çaldım, bir tek yokluk kapısı bana açıldı"* dememişler boşuna.

Tasavvuf her ne kadar batıni bir ekol olsa da ezoterizmden

farklıdır. Çünkü ezoterizmden farklı olarak mistik bir ekoldür ve Tasavvuf'ta felsefe yapılmaz.

---

*Allah yolunda tüm kapıları çaldım,*
*bir tek yokluk kapısı bana açıldı.*

---

Hakikati aramanın yolları farklıdır. Genelde bu iş dinlere ve inanç sistemlerine havale edilmiş gibi dursa da Ege'deki antik Milet şehrinde Thales ve onun takipçisi doğa filozofları ile felsefe bu büyük yolda kendine çok önemli bir yer edindi. Zaten özgür aklın eleştirisi olarak ortaya çıkan felsefe olmasa muhtemelen bugünkü bilim ortaya çıkamazdı. **İnanç, bilim, felsefe insanoğluna yetmediği içim simya, okültizm, ezoterizm, mistisizm vb. diğer yollar da ortaya çıktı.** Kendi bakış açıma göre akıl ile sezgiler arasında bir çizgi çizdiğim zaman bu farklı yolların nerede durduğunu aşağıda açıklamaya çalıştım.

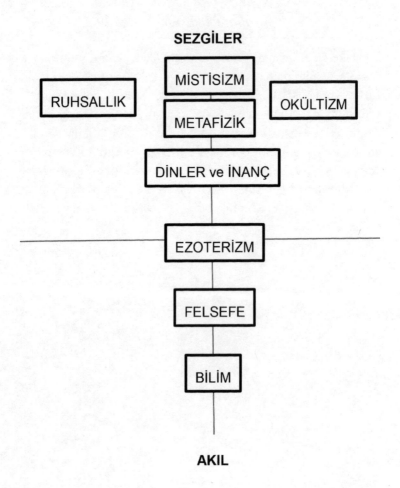

# VARLIK BİRLİĞİ "VAHDET-İ VÜCUD"

Tasavvuf vahdet-i vücud inancı etrafında şekillenir, ancak felsefedeki **epistomoloji (bilgi bilim- insan neyi bilebilir) ve ontoloji (varlıkbilim- varlık nedir?) ayrımı yoktur.** Zira herkes kendi mertebesine göre ya da başka bir deyişle kabına göre algılar ve alır. Her şey BİR'dir ve Allah'ın farklı tecellileridir. Ve bu yüzden de hakikat insanın içinde dürülüdür, ta ki o bulana dek. Bu yüzden de bulunması böylesine zor ve meşakkatli hakikat bilgileri eskilerin **kuş dili** olarak tabi ettikleri **semboller, menkıbeler, hikayeler, metaforlar ve alegoriler** ile anlatılabilir. Ve ancak bu şekilde herkes kendi sentezini yapabilir ve farklı kişilere de aktarılabilir.

> *Sen kendini küçük bir cisim sanırsın ama*
> *en büyük alem sende gizlidir.* -Hz. Ali

Burada unutulmaması gereken en önemli şey Tasavvuf'un İslam dini ve esasları üstüne şekillenmiş olduğudur. Yani, İslam olmadan Tasavvuf olmaz. Tasavvuf da anlatım ve talep edeni irşad etmek için İslami metafor, sembol ve menkıbeleri kullanır.

Her şey Allah inancıyla başlar. İnsan, Allah'ı ancak isim ve sıfatları **(Esma'ül Hüsma)** ile bilebilir, çünkü O'nun zatını (özünü) anlamak şehadet alemindeki biz beşerî varlıklar için mümkün değildir. **Allah'ın isim ve sıfatları** Kur'an-ı Kerim'de bize aktarılan tekrar eden 99 isimdir.

Tasavvuf'a göre "**Allah bilinmekliğini istemiş ve alemleri yaratmış**"tır. Yaradılış, Allah'ın sevgisi üstüne kuruludur. Kâinatta her şey canlıdır Tasavvuf'a göre ve sevgidir, ışıktır, nurdur. Her şey AŞK'tır kâinatta.

Kainattaki her varlık O'nun farklı tecellileridir. Farz edin ki bir ayna elinizden düşsün ve kırılsın. Yerdeki tüm parçaları nasıl gökteki güneşi yansıtıyorsa, her varlık da O'nun farklı aynalardaki yansımalarıdır. Varlık alemi Hakk'a aynadır. Hakk, halkta kendini seyreder.

Allah,
er-Rahmân, er-Rahim,
el-Melik, el-Kuddûs, es-Selâm,
el-Mü'min, el-Müheymin, el-Azîz, el-Cebbâr,
el-Mütekebbir, el-Hâlık, el-Bârî', el-Musavvir, el-Gaffâr,
el-Kahhâr, el-Vehhâb, er-Rezzâk, el-Fettâh, el-Alîm, el-Kâbıd,
el-Bâsıt, el-Hâfıd, er-Râfi, el-Muiz, el-Müzill, es-Semî', el-Basîr,
el-Hakem, el-Adl, el-Lâtîf, el-Habir, el-Halim, el-Azim, el-Gafûr,
eş-Şekûr, el-Aliyy, el-Kebîr, el-Hafîz, el-Mukît, el-Hasîb, el-Celîl,
el-Kerîm, er-Rakib, el-Mücîb, el-Vâsi', el-Hakim, el-Vedûd, el-Mecîd,
el-Bâis, eş-Şehîd, el-Hakk, el-Vekîl, el-Kaviyy, el-Metîn, el-Veliyy,
el-Hamîd, el-Muhsî, el-Mübdi, el-Muîd, el-Muhyi, el-Mümit, el-Hayy,
el-Kayyûm, el-Vâcid, el-Mâcid, el-Vâhid, es-Samed, el-Kâdir, el-Muktedir
el-Mukaddim, el-Muahhir, el-Evvel, el-Âhir, ez-Zâhir, el-Bâtın, el-Vâli,
el-Müteâli, el-Berr, et-Tevvâb, el-Müntakim, el-Afüvv, er-Raûf,
Mâlikü'l-Mülk, Zü'l-Celâli ve'l-İkrâm, el-Muksit, el-Câmi',
el-Ganiyy, el-Muğni, el-Mâni', ed-Dârr, en-Nâfi',
en-Nûr, el-Hâdi, el-Bedî', el-Bâki,
el-Vâris, er-Reşid,
es-Sabûr.

Vahdet-i vücud yaklaşımına göre her şey O'dur. Nereye baksan O'nu görürsün. Her şey O'nun farklı görüntüleridir. Muhyiddin İbnü'l-Arabî'nin anlatımıyla her şey O olduğu için, tüm mevcudat O'nun varlığına bağlıdır. Yani hiçbir şey O olmadan var olamaz.

Bu noktada mutasavvıfların şu sözünü anlamak önemli; insan icad eder. Yani, yaratmak sadece alemlerin Rabbi olan Allah'a mahsustur ve evrendeki her şey yaratılmış olanın evrensel kurallar ve prensipler ışığında dönüşmesinden başka bir şey değildir. İşte bu yüzden insan vardan var eder, ama sadece Allah yoktan var eder. İşte bu yüzden insan olanı dönüştürerek icad eder. Ancak icad ederken elbette ki ona ruhundan üfleyenin bahşettiği yaratıcılığını da kullanır.

İşin güzel yani modern bilimin de artık bu yaklaşımı teyit etmesi. **Newton** sayesinde makro kozmosun fizik kurallarını çözdük derken **kuantum rönesansı** sonrasında bir baktık ki, mikro kozmos denen öyle bir alem var ki makro kozmostan tamamen farklı çalışıyor. Apayrı kuralları var. **Makro alemde her şey deterministken mikro alemde her şey bir olasılık.** Gözlenene kadar her şey bir **kuantum süper dalga fonksiyonu** olarak bir olasılıktan başka bir şey değil. Bir parça aynı anda iki yerde olabiliyor. Işık hızıyla bile ulaşmanın insan ömründen uzun zaman alacağı kadar uzaktaki iki parça **kuantum dolanıklığı** denen olgu yüzünden birbirinden etkileniyor.

---

*Allah yaratır, insan icad eder. Allah yoktan var edendir, insan ise var olanı dönüştürür.*

---

Evren, Muhyiddin İbnü'l-Arabî'nin evrenin her nefeste yaratıldığını söylediğini sanki bizim kibirli akıllarımıza haykırmak ister gibi **kuantum dalgalanmaları** diye henüz tam anlamadığımız bir olguyu bilim sayesinde karşımıza çıkardı. Kuantum çalkalanması da denen bu olgu, bir anda ortaya çıkan **madde ve anti madde**nin birbirlerini hemen sönümleyerek ortaya çıktıkları kadar çabuk kaybolmaları sürecini tanımlıyor. İlginç değil mi? Varlık okyanusu hiçlik aleminden besleniyor gibi ama henüz ne olduğunu anlayamadık.

Makro alemi yöneten **kütle çekim** ve mikro alemi yöneten **zayıf elektromanyetik kuvvet, güçlü nükleer kuvvet, zayıf nükleer kuvvet** ile **evreni yöneten dört temel kuvvet**i bilim kabul ediyor. Atomu oluşturan nötron, proton ve elektronun da **Standart Model**'e göre **üç temel parçacık** olarak adlandırılan lepton, kuark ve bozonlardan oluştuğunu biliyoruz. Tek sorun henüz bu iki farklı alemi, yani mikro ve makro kozmosu açıklayan fizik kurallarını tek bir matematiksel denklemde birleştirememiş olmamız. Bu yüzden hala makro kozmos için **Newton'un Hareket Yasaları**nı kullanırken, mikro kozmosu açıklamak için Standart Modeli kullanıyoruz.

Her iki alemin kurallarını birlemeye aday **Her Şeyin Teorisi** ise şimdilik **Süper Sicim Teorisi**'nden filizlenen **M-Teorisi** veyahut başka adıyla Zar Teorisi. Süper Sicim Teorisi'ne göre lepton, kuark ve bozonlar olarak adlandırılan üç temel parçacık da süper sicim adı verilen **enerji ipliksileri**.

Sicim terimi, klasik yaklaşımda sıfır boyutlu noktalar olarak tarif edilen atom altı parçacıkların, aslında bir boyutlu ve ipliksi varlıklar olabileceği varsayımına dayanıyor. Kuramdaki temel fikir, gerçekliğin esas bileşenlerinin rezonans frekanslarında titreşen ve **Planck uzunluğunda olan sicimler** olduğu. Bu ipliksiler farklı koşullar ve etkileşimler halinde üç temel parçacığa, üç temel parçacık atomları oluşturan elektron, proton ve nötronları ve de dört temel kuvveti oluşturuyor.

Teoriye göre her şeyin özünde bir. Her şey enerji ve görünen alem enerjinin soğrulmuş hali. Beş adet farklı Süper Sicim Teorisi'ni birleştirerek bunların gelişmiş hali olan **Zar Teorisi**'ne göre ise parçacıklar sicim değil, bir membran ve farklı boyutlarda büzüştükleri düşünülmektedir. İşin ilginci zar teorisine göre evren 12 boyutlu.

Bilimin şu anki yaramaz çocuğu olan Zar Teorisi her şeyin tek ve bir olduğunu ve farklı alemler olabileceğini söyleyerek Alemlerin Rabbi'nin her yerde var olduğuna fizik bilimi ile kanıtlar sunuyor, ama bu kanıtlar bile O'nun görünenin ötesindeki kudretini anlatmaya yetmez.

Ancak vahdet-i vücudu Spinoza'nın **Panteizm**i ile karıştırmamak lazım. Zira Batı düşüncesinin **determinist ve indirgemeci** bakış açısı ışığında **panteizm**, parçaların toplamında Yaradan'ı arar. Panteizmde evren ve Yaradan aynıdır. Ancak Tasavvuf'a göre alemleri yaradan Allah, en son noktadır ve evren O'nun bir parçasıdır. Allah, evrenden çok daha fazlasıdır. Her şey O'dan **südur** etmiştir zira. Hepsi bir bütündür ve matruşka bebekleri gibi iç içe geçmiştir. Fakat alem ve alemdeki her varlık O var olduğu sürece vardır ve gücünü O'ndan alır. Bu görüş ise felsefede **Pan-enteizm**'e denk gelir. Yani Allah hem içkin hem de aşkındır, aynı Vedik öğretideki Brahma gibi.

Vahdet-i vücudu en iyi okyanus ve damla metaforu ile anlatabiliriz. Her şey kozmik bir okyanustan ibaret. Bu okyanusa günümüzde **kuantum alanı, karanlık enerji, kozmik bilinç, morfik** alan gibi farklı isimler vermek de mümkün. Okyanus damlalardan oluşur ancak damlaların toplamından da büyüktür. Evrenin dili olan matematiğe başvurursak görürüz ki, 7 çarpı 1/7'nin çarpımının sonucu 1 değildir. 1'in 7'ye bölünmesi 0,14257 ile başlayan çok uzun bir ondalık sayı verir ve bu ondalık sayıyı 7 ile çarpmak 1'i vermez, 0,999999'u verir. Yani bütün, parçaların toplamından daha büyüktür.

Damla okyanustayken onun gücüne sahiptir, ancak bir kaba alınıp ayrıldığında özünün tuzlu su olması dışında okyanusun gücüne sahip değildir artık. Hatta içindeki kabın da rengini ve de şeklini alır. Ancak o hala okyanus suyudur ve okyanusa kavuştuğu o an, tekrar okyanus ile bir olduğu o an, okyanus olur. İşte bu yüzden ayrılıktan vuslata giden bir Aşk hikayesidir bu dostlar.

Aşk yolu insanın kendine uzatılan Yakup'un merdivenine tırmanması misali bilinç atlamaları yapmasıdır. Bu bilinç atlamalarını da ancak ona emanet edilen içindeki Tanrı parçacığını yani ruhunu keşfetmesiyle olur. İçindeki Tanrı parçacığı Allah'ın nurunun ondaki izdüşümünden başka bir şey değildir. Ölümsüz ruhu okyanustaki damladır. Ruhu olmasa zaten ten kafesinde can bulamazdı, ancak sorun şudur ki insan uyumaktadır. Daha da kötüsü hem uyumakta hem de kendi özünü, geldiği kaynağı hatırlamamaktadır. Bir nevi Tevrat'ta bahsedilen düşmüş melekler gibi kendi potansiyelinden uzaklaşmıştır. Elbette bir belli deneyimleri yaşayarak öğreneceği bir kaderi planı gerçekleştirmesi için. Lakin her şeyin bir sebebi vardır ve her şey tekâmül için yaşanır ve yaşatılır.

Düşmek ve çıkmak, kıyaslamalarla çalışan beşerî aklın hakikati arayışta kullanacağı doğru kelimeler olmamakla beraber şimdilik kelimelerin kısıtlı anlatımlarına takılmadan bunları kullanalım.

"**Meratib'i tevhid**" diye adlandırılan mertebeler ve makamlar konusu öğrencinin (**salik**) "seyr-i sülük" yani ruhunu hayat okulunda olgunlaştırma yolculuğunda Hakk'a ulaşmada kişiye **AYNA** tutar, feyz almasını sağlar.

Her çıkışın bir inişi olmalıdır ve bu yüzden her şey Kabala'daki gibi **involüsyon** yani düşüş ile başlar. Allah'ın nuru fiziksel alemdeki biz insanlara ve varlıklara yedi derece soğutularak verilir, aynı kör gözlere ışığın yavaş verilmesi gibi. Çünkü bu maddi varlık planında titreşim ve tekâmül seviyemiz en tepedeki güç ve kudrete dayanamaz.

Bu yüzden mutlaktan maddi aleme dereceli bir iniş (**seyri nuzuli**) söz konusudur.

- Mutlak TEKLİK hali
- Taayyün'ü evvel
- Taayyün'ü sani
- Taayyün'ü ervah
- Taayyün'ü misal
- Taayyün'ü ecsam

Bu dereceli iniş kendi içinde çıkışı (**seyr-i uruci**) da barındırır ki bu da Tasavvuf'un Hakk'a ulaşmadaki yoludur.

- Nefs-i kamile (TEVHİD)
- Nefs-i mardiyye
- Nefs-i radiyye
- Nefs-i mutmaine
- Nefs-i mülhime
- Nefs-i levvame ve Nefs-i emmare

En alttaki nefs-i emareden başlayarak nefs-i kamileye giden bu yolculuğa **seyr-i süluk** denir.

# TASAVVUF METODOLOJİSİ

Tasavvuf aslında bir metodoloji. Ölümsüz olan ruhun tekamülü için bir yöntem.

Tasavvuf insanın Allah'ın bir tecellisi hatta Dünya'daki halifesi olması sebebiyle kendi içindeki hakikati kendi içinde araması ve bulmasına dayanan sistematik bir tekâmül yoludur.

2500 yıl önce **7 Antik Bilge**'den **Spartalı Khilon** tarafından ilk olarak söylenen ancak **Sokrates** ile meşhur olan **Delphi Tapınağı** girişinde yazılı "**KENDİNİ BİL**" sözü de kadim simyacıların **V.I.T.R.I.O.L.** sem-

bolizması da Kur'an-ı Kerim'de "**Kendini bilen Rabbini bilir**"

sözü de kişinin hakikati kendi içinde bularak **Kybalion**'daki 2nci evrensel prensip olan "**tekabül prensibi**"ni kanıtlarcasına insanın kendi içine dönerek ilahi hakikati bulabileceğine işaret ediyor.

**Hermes Trismegistus** veya başka adı ile İdris Peygamber veyahut Enok (Hanok) da "**yukarısı aşağısı gibidir, aşağısı yukarısı gibidir**" diyerek insanın kendi hakikatini aramasının mutlak hakikati arayış demek olduğu sırrını aşikâr etmiş.

Ancak bu yol zordur. Uzun, dolambaçlı ve herkese uymayan bir yol bu. Herkese gelmez. Çünkü arayış bitmez ve arayanlar sadece hakikati bulurlar. Hakikat ise kolay elde edilmez, ateşten gömlekler giymeyi gerektirir. **Bayezid Bistami** ne de güzel demiş. **"Aramakla bulunmaz, ancak bulanlar arayanlardır."** Evet... Arayacağız. Bıkmadan ve usanmadan arayacağız. Bu yüzden Hz. Peygamber'in de Tebük Seferi sonrası **"küçük cihaddan, büyük cihada geçiyoruz"** diyerek, kişinin aydınlanma yolunda kendi içsel mücadelesinin tüm savaşlardan zor olduğunu anlatmış.

Zahirinin altında saklı batını hazineleri ortaya çıkarmak için Tasavvuf'ta **hakikati arayışın 2 boyutu** var... **Yatay ve dikey. Yatay boyut evrenin temeli olan zıtlıkların dengelenmesidir, dikeyde ise madde ve mana veyahut dünya ve ruhsallık dengesidir.** Kısaca hakikati arayış, içsel dengeyi her iki boyutta da bularak kendi içimizde vuslata engel olan perdeleri kaldırmak çabası ve zaten her an içimizde olan ilahi hakikate ulaşma yolculuğudur. Yatay boyutta denge, dikey boyutta ahenk, bilgeliğin anahtarıdır.

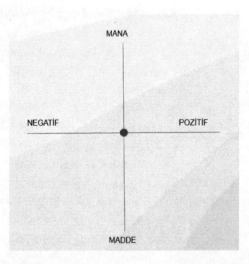

Hayat bir okyanus. Okyanus hiçbir zaman düz ve sakin değil. Olamaz da çünkü bu sonsuz kozmik okyanusta med-cezirler var. **Kabz ve bast** ile Tasavvuf'ta tabir edilen hayatın iniş ve çıkışları (**mevd**), evrensel **kutupsallık** ilkesi gereği döngüsel dalgalanmalar yaratıyor. İnsan ise dalgaların med-cezirinde bir köpük misali bir ona bir bu yana gidip geliyor. Bir sarkaç gibi. Günlük yaşamdaki dengeyi arayış, yataydır. Yatay boyut, insanın düalist dünya hayatında sarkacın zıtlıklar arasındaki gelgitlerini dengelemeyi öğrenerek **dengeli, ölçülü, hoşgörülü, edep, adap, ahlak** ile yaşaması, **iyi, doğru, güzel, adil ve zarif** davranması anlamına gelir. Kişi farklılıkları kabul etmeyi öğrendikçe dikey olarak tekâmül eder. Yani, **hakikati arayış yatayda başlar ve dikey olarak devam eder.**

Ancak **ten kafesi** içinde barındırdığı ruhuna ithafen bir ayağı gökte, bir ayağı yerde olan insanın, madde ve mana yaşamını dengelemesidir esas olan. Ne kör mistisizm gibi aşırı mana, ne de salt kör felsefe gibi tekdüze maddeye odaklanmak uygundur. Bu da **dikey dengedir.**

> *Aramakla bulunmaz,*
> *ancak bulanlar*
> *arayanlardır.*
> – Bayezid Bistami

Doğru insan olmak Hint Felsefesinde **küçük kurtuluş** olarak geçer. **Nirvana veya kâmil insan olmak büyük kurtuluştur** ve öğretiye göre artık kişi dünya okulundaki sınavını bitirmiştir. Küçük kurtuluş ise kişinin doğru ve günahsız, faydalı hayat sürmesidir. Bu bile insanın **sürü insanı** olmasından kurtulması için önemli bir adımdır. Aynı yaklaşım Hz. Peygamber'in dediği gibi **küçük cihad** ve **büyük cihad**dır.

Ezoterik felsefede dikey ve yatay çizginin kesiştiği noktaya konulan **gül**, beşerî insanın hakikati arayışındaki **mükemmellik noktasını** remzeder. İnsanın Anka kuşu gibi kendi küllerinden doğmasının sembolüdür gül. Tasavvuf'ta ise bu anlam, akıldan kalbe geçerek insanın kalp çocuğu, tıfli mana çocuğu veya **mana çocuğu** anlamına gelen **"veled'i kalbini doğurması"** olarak anlatılır. Kalp çocuğunu doğuran kişi içinde İlahi Aşk'ı tadacak ve Eros'tan Agape'ye geçiş yapacaktır.

Tasavvuf demek **AŞK** demektir. Ruhun AŞK tarafından istilasıdır Tasavvuf. Leyla'dan Mevla'ya geçişin hikayesidir Tasavvuf. Ancak aşık ile maşukun kavuşmadığı hüzünlü Türk filmleri gibi değil, **vuslat** üstüne kuruludur senaryosu. Ancak vuslat bir hedeftir. Hakikatin arayışta nihai noktadır ki, oraya varmak sadece bir idealdir. Bir ütopyadır.

İşte bu ütopya **insan-ı kamildir.** İnsanın aynası nefsinden dolayı bozuk ve kusurlu olduğu için İlahi erdemleri, İlahi güzellikleri içeren Allah'ın isimlerini eksik ve kusurlu yansıtır. Dikkat edelim, **aynaya vuran ışık değil, ışığın vurduğu ayna kusurludur.** Kusurludur, çünkü **insan bu kusurlarıyla tekâmül eder.**

Cemalnur Sargut'un o eşsiz lunapark metaforu üstünden gidersek, hayat lunaparkında hepimiz aynalarız. Allah'ın nurunu kendimiz kadar yansıtan aynalar. Aynalar bölümünün sonunda ise bir ayna vardır ki, bu da kâmil insanın aynasıdır. Bu ayna, aynı Mesnevi'de Çinliler ile Türkler arasında yapılan resim yarışmasında Çinlilerin duvara yaptığı o muhteşem güzellikteki resmi karşı odanın duvarını ayna haline getirerek yansıtan Sufilerin ilmi gibidir. **Kâmil insanın aynası kusurlarından arınmış ve kendisine vuran İlahi ışığı, Allah'ın isimlerini olduğu gibi yansıtandır.** Zira Allah velileri ve nebileri vasıtasıyla bize feyz verir. İnsan ise kendinde saklı Allah'ın isim ve sıfatlarını ortaya çıkarmaktan sorumlu Tasavvuf'a göre. Çünkü her insanda Allah'ın isim ve sıfatlarından bazıları farklı ölçülerde vardır. Dolayısıyla insan kendisine verilen hakikatin parçası içinde en güzelini yapmaktan sorumlu.

Tasavvuf İslamiyet üstüne kurulu olduğundan, öğretiye göre sadece **tek bir insan-ı kâmil var ki, o da Hz. Muhammed'tir.** Yüzü suyu hürmetine evrenin yaratıldığı Hz. Peygamber, Allah'ın tüm isim ve sıfatlarının tecelli ettiği yegâne insandır. Ondan sonra gelenler ise **devrin kâmil insanı veyahut kutbu**dur.

Bu bakış açısına göre Hz. Muhammed'ten sonra birçok evliya veyahut veli Dünya'ya gelecektir ancak aralarından sadece bir tanesi yüzyılda bir devrin kâmil insanı yani kutuptur. Örneğin Muhyiddin İbnü'l-Arabî'nin bu kutuplardan biri olduğuna inanılır. Keza Yunus Emre. Ancak tarikatlar arasında farklı görüşler de vardır.

Allah'ın tüm isim ve sıfatları Hz. Peygamber'de yaşamaktadır. O, "yaşayan Kur'an"dır. "Canlı Kur'an"dır. "Kur'an ve Peygamber ikiz kardeştir" derler. Bir kuşun iki kanadı gibi her ikisi de hakikatin kanatlarıdır. *Birisi hakikatin harfe bürünmüş haliyken, diğeri ise mushafta yazanların görülerek anlaşılması için canlı Kur'an olarak hakikatin ete, kemiğe bürünmüş halidir.*

İnsan ise Allah'ın ilahi düzeninde O'nun alemlere hizmet için yeryüzündeki halifesidir. Buna Tasavvuf'ta "**halifetullah**" denir. İnsan öyle bir mahlukattır ki, davranışlarıyla melekleri bile imrendirebilecek bir varlık olabilirken, gölgelerinin esiri olarak hayvandan da alt bir varlık da olabilir. Bu yüzden insan olarak doğmak Tasavvuf felsefesinde kişiyi insan yapmaz. İnsan, farkları ve farklılıkları bir etmeyi öğrenip, olanı olduğu gibi kabul edebileceği nefsine hakimiyet noktasına gelene dek bir hayvandır. Ve ilerledikçe insan olur ve en nihayetinde ise "**Hz. İnsan**".

"Hazret" denilince aklımıza hemen insan üstü bir varlık gelmesin sakın. "Hazret" demek, "**huzurda olan**" demek. "**Allah'ın huzurunda olmak**" demek. Her an, her ortamda, her koşulda, her durumda, her insanla münasebetinde, **sanki Allah onu seyrediyormuş gibi olmak, yaşamak ve davranmak demek**.

Kâmil insanın hal edebileceği "**tevhid**", Tasavvuf'un son noktasıdır. Hakikatin birliği, zıtların birbirleri içinde eriyerek oluşan tekliktir, tevhiddir. Ancak zıtlıklar üstüne kurulu olan evrende zıtlıklar bittiği an evren kendi içine çöker, İlahi Birlik kalır geriye. Örneğin, sürtünme kuvveti negatif güç olarak algılanır, ama o olmasa hiçbir şeyi tutamayız. Muhtemelen parçalar birbirine tutunmaz. İşte bu yüzden zıtlıklar birbirine muhtaçtır bu alemde.

Her şey zıddı ile aşikâr olur. En güçlü ışık bile gölge olmadan görülemezdi. Işık ile karanlık veyahut eril ile dişil ya da daha nötr bir anlatımla anot ile katot güçlerle sembolize edilen evrenin diyalektik dansı kozmik bir dengeyi anlatır. Hani bazen filmlerde insanoğlu kötülük ile anlatılmaya çalışılan iyilik karşısındaki o negatif gücü yok etmeye çalışır ya, işte evrenin varlığı bu kozmik denge üstüne kurulu olduğundan negatif olarak anlatılan güç yok edilemez. Pozitif de negatif de var olmak için birbirlerine muhtaçtır.

Tevhid hali o yüzden iyi ile kötünün artık farksız olduğu, farklardan farksızlığa geçildiği, sefanın ve cefanın bir olduğu, vurana elsiz sövene dilsiz olma makamıdır. Tevhid makamı bir psiko-ruhsal süreçtir. Yani zıtlıkların hâkim olduğu evrende fiziken onlara tabi olurken, yaşam sarkacının diyalektik salınımının zihnen ve ruhen üstüne çıkmaktır. Sarkaç, saraçlığını yapacaktır ama tevhid makamına varmış bir veli için bir etkisi yoktur artık.

Bu yüzden bir gün bu alem **Büyük Çöküş** ile **mutlak tekillik** haline dönene kadar insan için tevhid, zihinsel bir tekâmül deneyimidir. Tevhid, zıtlıklar aleminde fiziken yaşarken, zihinsel olarak zıtlıkları **BİR ETME** halidir. Buna da "**cem makamı**" denir ve en üst mertebesi "**cem'ül cem**"dir.

Tevhid halini kısa bir hikâye ile anlatmak istiyorum...

*Bir bilgeye "Nasıl insan oluruz?" diye sormuşlar.*
*"Üç adım atmakla" diye cevap vermiş bilge kişi.*
*"Önce sana kötülük yapanlara kötülük düşünmemen gelir; insanlığa attığın ilk adım budur...*
*Sana kötülük yapanlara iyilik yapabildiğin an ise, ikinci büyük adımı atar ve hakiki olmaya başlarsın.*
*Nihayet, sana iyilik yapanla kötülük yapan arasında bir fark hissetmeyecek hale geldiğin zaman insansın ve insan olursun..."*

İnsanın hakikati arayışı sürecine Tasavvuf, "**seyr-i süluk**" diyor. Ve arayana ise "**salik**". Maddeden manaya, veyahut halktan Hakk'a olan tekamül yolculuğu Tasavvuf'ta **makamlar** halindedir.

Kişinin bir anda tekamülünde ilerlemesi ve egosunu terbiye etmesi beklenemez. Bu bir **süreç**. Ve **bedeli** de var. Para, pul, mülk olmayan bedeller ödenmeden ruhun tekamülü olmuyor. Çünkü emanet bilgi ile hakikat aranmaz. Kişinin edindiği bilgi, beceri ve tecrübeleri kendi aklının ve gönlünün süzgeçlerinden geçinerek rafine etmesi ve içselleştirmesi gerek. Kişinin hangi makamda bulunduğu ise **mertebe**dir. Ve mertebe tek bir noktadan değil, **duraklar**dan oluşur.

**Haller ve makamları karıştırmamak** gerektiği için üstünde kısaca durmakta fayda var. Dış dünyada tüm olaylar ve durumlar olduğu gibidir ve içimizdeki bizi biz yapan duygular dünyasına tesir eder. Bu tesirlerin iç dünyamıza yansımaları olumlu ve olumsuz duyguları yaşamamıza sebep olur. Duygular insanı vezir de eder, rezil de. İnsan tekâmül ettikçe kendini aşmaya başlar. Her aşma eylemi de mutluluk ve başarı hisleri vererek onu kanatlandırır. Ancak bu henüz uçmayı yeni öğrenmiş bir kartalın daha kanatları güçlenmeden uzun mesafeli bir ava çıkmaya çalışması gibidir ve başarısızlığa mahkumdur. Zira hiçbir gelişim lineer yani doğrusal olarak olmaz. Tüm gelişim yukarı yönlü bir sinüs eğrisi gibi iniş çıkışlarla olur. Her iniş bir sınavdır. Keza çıkışlar da.

Suyun ısıtıldığında 99,99 santigrata kadar kaynamaması ve ancak 100 santigrattan sonra gerekli eşiğin aşılmasıyla kaynamaya başlaması gibi insan da bulunduğu makam veyahut seviyede o eşiği geçene dek duygusal gelgitler yaşar. Düşer ve kalkar. Defalarca. Yukarı ivmelenen tekamülü olumlu haller doğursa da bunlar ancak belli eşikler aşıldığı vakit kalıcı olur ki, buna da makam denir.

Tabii şunu da unutmamak lazım ki, deniz seviyesinde (1 atmosfer basınçta) su 100°C'de kaynarken, Everest Dağı'nın zirvesinde yaklaşık 70°C'de kaynar. Deniz seviyesinin altındaki yerlerde ise suyun kaynama noktası 100°C'nin üzerindedir. Bu da evrendeki **kutupsallık yasası** gereği her şeyin göreceli olduğunun, beşerî hakikatlerin değişeceğinin bir işaretidir. Bu vesileyle Allah'tan başka kimse bir başkasının hal ve makamlarını bilemez.

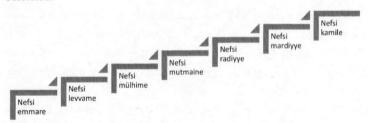

Mertebeler halinde gelişim **"nefsin mertebeleri"** kavramı ile incelenir. Nefsin mertebeleri yedi tanedir. Ancak ben nefs değil bilhassa bilinç kelimesini kullanmayı tercih ediyorum.

1. **Nefs-i Emmare** – dünya illüzyonu içinde uykuda yaşayan bilinçtir. Farkındalıksız, rüzgârın önünde sürüklenen yaprak misali yanana hayatı temsil eder.
2. **Nefs-i Levvame** – uyanma seçimi yapan ve uyanmaya çabalayan bilinçtir.
3. **Nefs-i Mülhime** – uyanma seçimi ile arayışta olan ve hayat kitabını çevresindeki her insan, her olay, her koşul, her ortamdan kendine akan bilgi **(mathesis),** cemali ve celali hayat tecrübeleri **(pathesis)** ve ilhamlarla **(gnosis)** okumaya başlayan ancak henüz kendi sentezini tamamlamamış olan bilinç.
4. **Nefs-i Mutmaine** – acı ve ıstıraptan bunları nasıl yöneteceğini bilerek kurtulan bilinç. Mutluluk vardır, ancak hala koşullara bağlıdır. Bu makama varanlar **bilgelerdir.**
5. **Nefs-i Raziye** – Koşulsuz mutluluğun olduğu, tevhid makamına ulaşan bilinç. Sövene dilsiz vurana elsiz olabilen, iyi ve güzeli bir gören, lütfu ve kahrı aynı gören, cemali ve celali birleşmiş bilinçtir. Düalistinin hâkim olduğu yaşam tiyatrosunda sarkacın etkisinden zihnen ve kalben kurtulmuş, tanık zihniyetinde teklik içinde yaşayan bilinçtir. **Fenafillah** makamıdır ve bu makamdakilere **"veli"** denir.
6. **Nefs-i Mardiyye** – insanlığa ışık saçmak için seçilen bilinçtir. **Bekabillah veya Avatarlık** makamıdır. Velilerin sayısı

çok olabilir ancak aralarından çok ama çok azına insanlığı irşad görevi verilir. Bu kişiler "**nebi**"lerdir. Nebiler Hakk'tan alıp halka verenlerdir. Halk içindeyken Hakk ile olanlardır. Bir ayakları yerde diğeri göktedir. Hem halvette hem de celvettedirler.

7. **Nefs-i Kamile (veya Safiye)** – kemale erenin nefsidir. Nefsinden ölü, hiç olmak makamıdır. Ve Resullullah makamıdır.

Bilincin mertebeler halinde incelenmesi ne yenidir ne de Tasavvuf'a özgüdür. Tasavvuf'taki nefsin mertebeleri yaklaşımın farkı geçtiğimiz 1400 yıl içinde binlerce tarihe geçmiş veliler ve nebiler yaratarak kendini ispat etmiş olmasıdır.

Sadece Anadolu'muza bile bakarak neden veliler yurdu dendiğini anlamak zor değil. **Hacı Bayram Veli, Somuncu Baba, Akşemseddin, Şeyh Edebali, Erzurumlu İbrahim Hakkı, Üftade, Yunus Emre, Mevlâna, Yahya Efendi, Sünbül Efendi, Aziz Mahmud Hüdai, Seyyid Burhaneddin Muhakkık-ı Tırmizi, Selahaddin Zerkubi, Sadreddin Konevi, Harakani, İmam Birgivi, Ahi Evran** ve daha niceleri sadece Anadolu deryasında yetişen veliler. Tasavvuf'ta **rıyazat, mücahede ve tasfiye** olarak çok kısa anlatılabilecek tekâmül süreci Hakk yolunda ışık olan velileri insanlığın hizmetine sunarak kendini ispatlamış bir sistemdir. Keza bu velilerin birçoğu gösterdikleri kerametlerle de akıllara durgunluk vererek kalp ilmiyle açılmayan gözlere bir uyanmak için bir kapı daha aralamıştır.

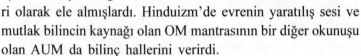

Son 6000 yıldır insanlar bilinci uyku ile uyanıklığın farklı halleri olarak ele almışlardı. Hinduizm'de evrenin yaratılış sesi ve mutlak bilincin kaynağı olan OM mantrasının bir diğer okunuşu olan AUM da bilinç hallerini verirdi.

A – uyanıklık hali (bilinç)

U – rüya görme hali (bilinçsizlik)

M – derin uyku hali (bilinçaltı)

AUM – mutlak bilinç (bilinç ötesi ya da bilinç üstü)

Ancak bu yaklaşım insanı tekamülünü bir sistem yaklaşımıyla ele almak ve anlatmak için yeterli değildir.

Hint öğretileri derindir ve bilincin yükselişini çakralar ile anlatır.

1. Kök çakrası (Muladhara) - Üreme ve içgüdüsel yaşam ve de güven.
2. Sakral çakra (Svadisthana) - Duygular, sorgulama, yargı.
3. Mide çakrası (Manipura) ya da Solar pleksus – Güç ve irade.
4. Kalp çakrası (Anahata) - Hissedilen sevgi.
5. Boğaz çakrası (Visuddha) - İfade edilen sevgi.
6. Alın çakrası ya da üçüncü göz (Ajna) - Yaradan'ı tüm yaşamda görebilmek.
7. Taç çakra (Sahasrara) - Tanrı-ben ve Yaradan-ben bilinci.

Kök çakrasıyla başlayan tekâmül yolculuğu insanın toprak ile simgelenen madde aleminde ölmeden önce ölerek ruhsal aleme doğması ile başlar ve ruhun maddeye hakimiyeti ile taç çakrasında dünyevi tekâmül son bulur. İlk üç çakra madde alemini, son üç çakra ruhsal alemi işaret ederken kalp çakrası madde ile mana, beden ile ruhun birleştiği yerdir. Kalp çakrasını dengelemeyen daha sonraki aşamalarda başarı sağlayamaz. Çakraların çalışmasından ziyade çakraların dengelenmesi söz konusudur. Evrensel düalitenin diyalektik dansına tabi insan, bu zıtlar arasındaki medceziri dengelemek ve akışa uyumlanmaktan ötesini yapamaz.

**Moksha** (mok□a), aynı zamanda vimoksha, vimukti ve mukti olarak da adlandırılır, Hinduizm, Budizm, Jainizm ve Sihizm'de çeşitli kurtuluş, aydınlanma, kurtuluş ve serbest bırakma terimidir. Ölüm ve yeniden doğuş döngüsünü olan **sa□s□ra**'dan özgürlüğü ifade eder. Moksha cehaletten kurtuluştur, kendini gerçekleştirme ve kendini bilmedir.

Hindu geleneklerinde, moksha temel bir kavramdır ve insan yaşamı boyunca üç yoldan ulaşılması amaçlanmaktadır. Bu üç yol **dharma** (erdemli, uygun, ahlaki yaşam), **artha** (maddi refah, gelir güvenliği, yaşam araçları) ve **kama** (zevk, duygusallık, duygusal doyum) olarak geçer.

Hint dinlerinin bazı okullarında moksha, vimoksha, vimukti, kaivalya, apavarga, mukti, nihsreyasa ve **nirvana** gibi diğer terimlerle eşdeğer olarak kabul edilir ve birbirlerinin yerine kullanılır. Bununla birlikte, moksha ve nirvana gibi terimler, Hinduizm, Budizm ve Jainizm'in çeşitli okulları arasında farklılık gösterir ve farklı durumlar anlamına gelir. Nirvana terimi Budizm'de daha yaygınken, moksha Hinduizm'de daha yaygındır.

Erken Budizm ve Theravada'da aydınlanmanın dört aşaması, bir **Arahant** olarak tam aydınlanmayla sonuçlanan dört aşamalı bir gelişim sürecidir. Bu dört aşama **Sot□panna, Sakad□g□mi, An□g□mi ve Arahant**'tır.

Özellikle Yoga'yı ele almadan geçmek olmaz. Raja Yoga, kurucusu **Patanjali'nin Yoga Sutraları**'na dayanan 8 basamaklı bir tekâmül yoluydu.

1. YAMA - Olumsuzluklardan Arınma. Kendi içinde beşe ayrılır:
   a. Ahimsa – Şiddetsizlik
   b. Satya – Dürüstlük
   c. Asteya – Çalmamak
   d. Brahmaçarya - Arzuların Kontrolü
   e. Aparigraha – Biriktirmemek
2. NİYAMA - Olumlulukları Güçlendirme. Kendi içinde beşe ayrılır:
   a. Sauça – Saflık
   b. Santoşa – Yetinmek
   c. Tapas - Ateşli Çaba
   d. Svadhyaya - Kendini Eğitmek
   e. İshvara Pranidhana - Adanmak
3. ASANA - Bedensel Duruş Teknikleri

4. PRANAYAMA - Solunum ve Enerji Çalışmaları
5. PRATYAHARA - Duyuların Denetimi
6. DHARANA - Odaklanma Teknikleri
7. DHYANA – Meditasyon
8. SAMADHİ - Evrenle Bütünleşme

**Şamanik kültürlerde** ise yedi bilinç aşamasından bahsetmek mümkün.

1. Benlik ve kişilik bilgisine sahip olmak
2. İnsanın evrimine dair bilgi ve deneyim sahibi olmak
3. İnsanın bedeni ve ruhu arasındaki farkı algılamak
4. Beş duyuyla algılamak
5. Duyguların, düşüncelerin ve saflığın sesi ile algılamak. Bir nevi iç sesi dinlemek
6. Sadece ölüme yakın deneyimlerle elde edilen "tünel etkisi"
7. Sadece zihin kendini dünyaya uyumladığında idrak edilen bilinç hali

Bugün sağlık sektöründe kullanılan **Glasgow Koma Ölçeği** de bilinç durumunu anlamaya çalışan bir yaklaşımdır ama insanın tekamülü konusunda bir şey söylemez.

1. Tam bilinç
2. Konfüzyon
3. Letarji
4. Stupor
5. Koma (hafif, normal, derin)

**Abraham Maslow'un İhtiyaçlar Hiyerarşisi** de daha çok insanın mutluluğunun bir formülü olmaya aday olsa da son aşaması bilinç seviyesine dair bir şeyler anlatır.

1. Fizyolojik ihtiyaçların giderilmesi
2. Güvenlik ihtiyacı
3. Ait olma ve sevgi ihtiyacı
4. Saygı ve değer ihtiyaçları
5. Kendini gerçekleştirme

Bu model her ne kadar çok faydalı ve bilinen bir model olsa da görüldüğü gibi bilinç açısından baktığımızda ben merkezci yani bireyin faydasını maksimum kılmaya odaklanır.

**Richard Barrett** ise mantıklı bir sırada ilerleyen yedi bilinç aşaması öneriyor. Seviyelerde ilerleme, hepsi günlük etkileşimler için motive edici faktörler olan doğrudan insan durumuna bağlı ve ona bağlı olan "varoluşsal" ihtiyaçlara odaklanır.

1. Hayatta kalma - Korumalı veya korumasız hissetmek
2. İlişki - Bir grubun içinde veya dışında hissetme
3. Özsaygı - Kendiniz hakkında olumlu veya olumsuz
4. Dönüşüm – gerçek/öz benlikle davranmak
5. İç Uyum/Bütünlük
6. Bir farklılık yaratmak
7. Hizmet

**Spiral Dinamikler** yaklaşımı da insanlığın binlerce yıllık tarihsel gelişimini ele alarak insanın bilinç yükselişini haritalar.

1. Evre (bej): Hayatta kalmaya odaklı yaşam
2. Evre (mor): Animist/Kabile evresi
3. Evre (kırmızı): Egosantrik evre
4. Evre (mavi): Mutlak otoriteye itaat evresi
5. Evre (turuncu): Sürü zihniyetinden kurtuluş evresi,
6. Evre (yeşil): Birlik ve çevre bilinci evresi
7. Evre (sarı): Varoluşçu, sistemik evre
8. Evre (turkuaz) : Holistik evre, evren ile bütünleşme

**Ruhsal ekollerde** ise spiral dinamiklere benzer şekilde söyle anlatılır.

1. Egosantrik (Ben merkezci)
2. Sosyosantrik (Toplum odaklı)
3. Jeosantrik (Dünya odaklı)
4. Kozmosantrik (Evren odaklı)
5. Teosantrik (Yaradan ile birleşme hali)

Bu yaklaşım da bana göre BEN'den BİZ'e ve BİZ'den O'na geçmenin bir başka şekilde anlatımı.

**Russ Hudson ve Don Riso'nun son halini verdiği Enneagram**'ın diğer kişilik modellemelerinden farkı dinamik bir sistem olması ve bilinç hallerini de ele almasıdır.

1. Seviye – Kurtuluş
2. Seviye – Ruhsal yeti
3. Seviye – Toplumsal değerler
4. Seviye – Dengesizlik
5. Seviye – Kişilerarası kontrol
6. Seviye – Aşırı dengeleme
7. Seviye – Zarar verme
8. Seviye – Sanrı ve zorlantı
9. Seviye – Marazi yıkıcılık

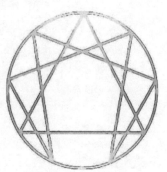

David R. Hawkins'in Güç ve Kuvvet adlı kitabında sunduğu farkındalık veyahut bilin gelişimi haritası da kayda değer bir çalışmadır. Perspektif kazanmak, iletişime yardımcı olmak, çatışmayı çözmek ve yaşamda karşılaştığı herhangi bir sorunun hakikatini (hayatı destekleyen enerji) oluşturmak için de kullanılabilir. Ruhsal arayışta olanların yaşamında daha ezoterik bir düzeyde farkındalık seviyesini değerlendirmek için araçlar sağlar. Bir güçlendirme veya öz farkındalık haritası olarak kullanılabilir. Güç ve Kuvvet, yaşam boşaltma enerjisini (200'ün altında) ve yaşam destek enerjisini (200 ila 1000) kalibre eden kalibre edilmiş bir ölçek içerir. Aklın ötesindeki meselelerin gerçeğini bilmek için kullanabilirsiniz.

700-1000 AYDINLANMA, Tarifsiz
600 HUZUR, sebepsiz mutluluk
540 NEŞE, sükûnet
500 SEVGİ, hürmet
400 MAKULİYET, anlama
350 KABUL, affediş
310 İSTEKLİLİK, iyimserlik
250 TARAFSIZLIK, güven
200 CESARET, beyan
175 GURUR, kendine kızma

150 ÖFKE, nefret
125 ARZU, aşerme
100 KORKU, anksiyete
75 KEDER, üzüntü
50 HİSSİZLİK, umutsuzluk
30 SUÇLULUK, Suçlama
20 UTANÇ, küçük düşürme

Görüldüğü gibi yukarıda bahsettiğim ve burada bahsetmediğim kadim ve modern, batıdan ve doğudan diğer yaklaşımlar ile insanın bilinç yükselişi haritalanmaya kadim zamanlardan beri çalışılıyor. Yine de bugün bilinç konusu bilim için bir muamma. Bilim insanları ruhu hücre faaliyetlerinin bir enerjik çıktısı olarak tanımlarken bilinci de bilimin yakın zamanki altın çocuklarından nörobilim ışığında beyindeki nöral aktivitenin bir sonucu olarak tanımlama gayretindeler. Suretten sirete geçemediler henüz ve holistik bir yaklaşım da yok. Henüz tanımlayamadığımız bir problemi çözmek gayretinde olduğumuz için bilinç konusu ZOR PROBLEM olarak tanımlanıyor. Zira tüm problem çözme metotları problemi tanımlayarak başlar ama bizler daha problemi tam tanımlayamadık.

Tasavvuf'ta ele alınan Nefsin Mertebeleri olarak anlatılan bu derecelendirme tabii ki mutlak, bir ve bütün olanın sonsuz düzenini anlamaya çalışan sonlu ve beşerî insan aklının bir haritalama yöntemi. Hatta bir başka Tasavvuf yolunda bu mertebeler on ikidir. Elbette ki Tasavvuf da konusu bilim gibi tam hakikatiyle ele alamadığı için konuyu nefs ile ilişkilendirmiş ancak teorisini hayata geçirerek binlerce aydınlanmış veli ve nebiyi insanlığa armağan ettiği için bilimin henüz kısmi çalışan ve herkeste başarılı olmayabilen kişisel gelişim süreçlerine nazaran daha başarılıdır.

Elbette ki bu noktada aydınlanmanın ne olduğunu da tanımlamak lazım. Orta Doğu ve **Doğu düşüncesi kolektif, holistik, döngüsel bir yaklaşımdır ve kelama** dayanır. Amaç Yaradan'a varmaktır. Konu hakikati arayıştır, zira yüce Yaradan'a sonlu olan insan tam olarak varamaz. **Bireysel, determinist, doğrusal**

47

**düşünen batı düşüncesi** ise aydınlanmayı bilgi ile fenomenler dünyası hakkında bilgi edinmek ve insanı daha iyi, daha doğru, daha nazik yapmak için çabalar. Doğu düşüncesi bilgelik ve vuslat, batı düşüncesi ise bilgi ve kişisel gelişim peşindedir. Doğu, hakikati arar, batı daha iyi olmaya çabalar. Dolayısıyla aydınlanma tanımları da farklıdır.

Ancak bana göre her iki düşünce tarzının da ortak noktası var. Doğuda nefs, batıda ego, Freud'un psikanalitik yaklaşımı ışığında bakarsak ten kafesindeki insan ruhunu dünya realitesine bağlayan bir doğal mekanizma. Evrensel düaliste gereği akıl ve kalp arasında gelgite maruz. Kısaca **id ve süpergo** ya da **nefs ve vicdan** savaşı. Keza zihin **maymun zihin** denen odaklanmamış bir fikirlerin kakofonisiyle kevgire dönüyor. Günde 70.000 ile 100.000 arasında düşünce ve çoğu kontrolsüz.

Bir de **içsel yargıcımız** var ki bu da her şeyi kendi bildiklerine göre yani kendi anlam mekanizmasına göre yorumluyor. Yargı, suçlama, zanlar hepsi bu zihin haritasının ürünü. **Bu üç süreç ego denen realiteyle aramızdaki köprü olan egoyu bozuyor.** Fazlası onu sağlıksız kılarken, aydınlanmış, bilge, dingin, odaklı bir zihinde ise ego sağlıklı çalışıyor.

**Sağlıklı egonun tek ölçüsü var ki, o da aklın özgürlüğü. Aklın özgürlüğü tüm özgürlüklerin atası.** Aklın özgürlüğü olmadan insan diğer tüm özgürlüklerin hakkını veremez.

*Aklın özgürlüğü doğma, cehalet, taassup, bağnazlık, batıl inançlar ve boş inançlar, korkular ve kaygılardan etkilenmeyen bir zihin halidir. Dış tesirlerin kuklası olmadan özgür iradesiyle seçim yapabilen ve seçimlerinin sorumluluğunu alabilen bir zihindir.*

Nefsin mertebelerine yine geri dönelim.

Yedi mertebenin ilk üçü **hayvanlık makamları** iken son dördü **insanlık makamları.** Yani **bir insan, insan olarak doğduğu için insan olamaz.** İnsan bedeninde doğmak, bizi insan yapmaz. İnsan olmak bir mertebedir, bir hak ediş.

Bu yedi basamak **şeriat, tarikat, marifet ve hakikat** veya **ilm'el yakin, ayn'el yakin, Hakk'el yakin** olarak da kuş bakışıyla özetlenebilir.

Bu süreç **dört ana yolculuktan** ibarettir.

- **Allah'a yolculuk,**
- **Allah ile yolculuk,**
- **Allah'ta yolculuk** ve
- **Allah'tan yolculuk.**

Akıl ise 4 kısımdır.

- **Akl-ı meaş,**
- **Akl-ı mead,**
- **Akl-ı nûrânî**
- **Akl-ı kül**

**"İlahi düzende hakikat nedir?"** sorunun cevabını insan aklı bir yere kadar anlayabilir. Anlatılanı da kendi kabı kadar algılar. Anlamak içinde sistemler geliştirir; ta ki kalbini açana dek. Bu ve benzeri yöntemler birçok ezoterik ve mistik yapılanma içinde kişiyi bir gelişim yoluna sokmak için vardır.

## Erikson'un Psiko-Sosyal Gelişim Evreleri

| Güvene Karşı Güvensizlik (0-1 yaş) |
| --- |
| Bağımsızlığa Karşı Utanma ve Şüphecilik (2-3 yaş) |
| Girişkenliğe Karşı Suçluluk Duyma (4-6 yaş) |
| Başarıya Karşı Aşağılık Duygusu (7-11 yaş) |
| Kimlik Kazanmaya Karşı Rol Karmaşası (12-18 yaş |
| Dostluk Kazanmaya Karşı Yalnız Kalma (19-40) |
| Üretkenliğe Karşı Duraklama (40-65 yaş) |
| Benlik Bütünlüğüne Karşı Umutsuzluk (65 yaş ve üstü) |

Benzer bir yaklaşımı bilimde **Gelişim Psikolojisi** altında **"Ego Gelişim Teorileri"** altında da görebiliriz. Psikoloji bebeklikten itibaren insanın **psikonörososyal** gelişimini hala ruhu sistem dışında tutarak inceler. Ancak bazı modern psikologlar insanın gideceği son noktayı **"aydınlanma"** olarak koymayı seçiyorlar. Psikoloji, sanki kendisine 150 yıl önce gebe olan felsefeyi tekrar kucaklıyor gibi... Nefsin mertebeleri yaklaşımında dikkat edilmesi şudur. **Egoyu veyahut nefsi öldürmek değil TERBİYE etmektir amaç.** Artık modern psikolojinin de ele aldığı gibi, egonun hem sağlıksız hem de sağlıklı halleri vardır. Zira **egosunu paspas eden zulüm görür,** öne çıkaran ise zulmeder. Amaç yine dengedir. Ancak, hakikatin nurunu kusursuz bir ayna gibi yansıtan insan-ı kâmil olana dek insanın yapması gereken kendi aynasının kusurlarını bertaraf etmektir. Bu da **sonsuz basamaklı merdivende yapılan yolculuktur.**

Bir diğer önemli nokta ise, insanı kusurlu ve cezalarla öğrenecek bir varlık olarak görme eğilimindeki Skolastik Felsefenin tersine ve John Locke'un yeni doğan bir insanı tabula rasa olarak kabulünden de öte, Tasavvuf'un **günümüz pozitif psikolojisine paralel** düşünmesidir. Yani, kişinin içinde zaten ilahi hakikatin dürülü olduğunu ve kişinin yapması gerekenin sadece **kendisinde bezeli olan Allah'ın isim ve sıfatlarını hatırlayarak** onları yaşaması gerektiğine inanılır. Çünkü **insan, ilahi cevheri gereği Tanrı'nın yeryüzünde aleme hizmet etmek için halifesidir** Tasavvuf'a göre.

Seyr-i sülukte **mürşid** vardır. "Mürşid kimdir?" sorusuna ek güzel cevap **"mürşid kişiyi Allah'a, Allah'ı kişiye sevdirendir"** ile verilebilir. Mürşid, salik diye tabir eden hakikati arayan kişiye, tekamülün taşlı, dolambaçlı, tuzaklı ve labirente benzeyen yolunda kendi ışığı kadar yol gösterir. Sadece yol gösterir ama. Yolu gösterir, ancak yolu yürüyecek olan arayandır.

Bazı tarikatlarda mürşidin ne makamı ne de öğretim verdiği yeri vardır. Nerede toplanır, sohbet edilirse orası mabettir onlara. Mabed onlar için gökkubbenin altındaki her yerdir. Ne sınır ne kısıtlama vardır. Sadece arayıştır asıl olan.

Ancak bu modern tarikatlarda gördüğümüz, biat modeli değildir. Salik, hakikati arayışında kendisini ileriye taşıyacak olan bir mürşid ile çalışır ve ona kalben bağlanır. Onun gösterdiği yolda ilerler. Zorlama yoktur, sadece seçim vardır. Bu bir tercihtir. Diğer Semavi Dinlerden farklı olarak İslam Tasavvuf'unda sırasıyla birden fazla mürşide başlanmak da vardır. Zira bir arının bir çiçekten diğerine konarak her uçuşta kendini bir sonraki uçuşa hazırlaması ve en nihayetinde her derde deva bir Anzer balı üretmesi gibi, salikin de mürşid değiştirmesi mümkündür ve hatta mürşidler tarafından yönlendirilir de.

Ve yola çıkmak niyet ile olur. Yani **talep etmek ile başlar yolculuk**. Ve **gayret** ile devam eder. Sadece istemek ve gayret etmek de yetmez çünkü bir de **kısmet** faktörü vardır ki bu da "**Mülk O'nun**" sözü ile işaret edildiği gibi her şeyin sahibinin **izin** vermesi ile olur. Tasavvuf'ta "**yapan da yaptıran da O'dur**" sözünün ardında salt dogmatik bir bakış açısı yerine aslında Allah'ın izin vermesi vardır. Her şeyin bir İsviçre saatinden çok daha kusursuz işlediği O'nun İlahi düzeninde O izin vermese alem yok olurdu zira.

Arayışta olan salik, bir derviştir. Nasıl bir kişidir bu derviş? Kesinlikle "bir hırka bir lokma" tarzı dağda, bayırda yaşayarak ermek yaklaşımı yoktur Hindistan'da olduğu gibi. Derviş hayatın içinde yaşar ve isterse evlenip, çoluk çocuk sahibi de olur. Hatta en zor Hakk'a erme yolu da budur. Çün-

kü izole bir tekâmül ortamı yerine derviş çok daha sık ve fazla uyarana karşı nefs mücadelesi vermek durumundadır. Normal yaşamdaki gibi olduğu gibi gelip geçici Dünya'nın emanetlerine sahip olunabilir, ancak bunları put etmeden emanetleri kullanmaktır amaç. Miletli Thales gibi zengin ama bilge olunabilir. Buna "**kalender dervişlik**" denir. Bense, "şehirde nirvana"sını arayan "**sörfçü derviş**" diyorum.

**Hem derviş olup hakikati arayarak, tövbe kapısında bir ömür geçirmek, hem de hayattan Nesimi'nin dediği gibi keyif almak, ama ölçüsünde, dengesinde, had bilerek, fakrımızı, aczimizi de hissederek.**

Seyri sülukta diğer bir nokta da dervişin iyiyle kötüyü birlediği, artık ikiliğin kalmadığı hal olan nefsi raziyeye kadar sorumlu olduğudur. O noktada artık o bir velidir. Bilgeden de üstündür. Çok veli vardır ancak nebi olanları azdır, çünkü veliler arasından çok azına görev verilir ve insanlığı irşad eder ve aralarından çok nadiren Peygamber çıkar.

Tüm Peygamberler ise İslam Tasavvuf'unda Hz. Muhammed'e secde ederler. Peygamber olmayan dönemlerde ise **varis-i nebi** denilen, o yüzyılın kâmil insanı, Hz. Peygamber'in ışığını insanlara yansıtır. Varis-i nebiler zaman ve mekânın ötesinde görev yaparlar. Deterministik, lineer (doğrusal), ve maddesel bir bakış açısıyla zamandan ve mekândan bağımsız görev yapabilmek fikri pek de kolay anlaşılabilecek bir olgu değil. Keza kadim Hint öğretisinde Mahatmalar olarak geçen bu ilahi vazifeliler Yüce Alem'in akıl ve sır ermeyen işlerini icra ederler.

# İNSANIN ÇIKIŞI RIZA'DIR

Hz. Muhammed "**hamd edenlerin en yücesi**" anlamına geliyor. Cennetin kapıcısının adı ise Rıdvan, yani "**kabul edenlerin en büyüğü**". Cehennemin kapıcısının adı ise Malik yani "**mala tapanların en büyüğü**". Bu 3 isim bazlı sembol bile sanırım dinimizde arayan için çıkış yoluna dair verilen nurlardır. İnsanın kurtuluşu **olanı olduğu gibi kabul etmektir**. Yaradılanı, Yaradan'dan ötürü sevmektir. Bu da koşullu değil **koşulsuz bir kabulü** gerektirir, bu da rızadır.

Rıza bir kabulün bir basamak ötesidir, aynı huzurun mutluluktan öte olması gibi. Kabul ise kabul etmemenin zıddıdır. Rıza vuslata ulaşmanın kilididir.

**Peki, insan olanı olduğu gibi kabul etmediğinde ne yapar?**

**Yargılar, kıyaslar, suçlar, kınar, azarlar, içerler, eleştirir, kötüler, dedikodu yapar, aleyhte konuşur,** şikâyet **eder, ayıplar, nefret eder, kin tutar** vs. vs... Liste uzar da gider. Kabul etmeme faaliyetindeki BEN-SEN ayrımını ve bu ayrımın ne denli derin olduğunu görebiliyor musunuz?

Bir akrepten elinizi soktuğu için nefret edebilir misiniz?

Ya da bir arıdan sizi soktuğu için?

Arı da akrep de meşreplerinin gereğini yapıyordur. Suçlamaya, fakir edebiyatına ne gerek. Sadece önlem almak ve olanı kabul etmek daha güzel değil mi? Sorun varsa da ayağa kalkmak, öğrenmek ve yola devam etmek doğru olsa gerek.

İşte böylesine bir kabul ve hatta rıza zordur...

**Gelmeyene gitmek,**
**sevmeyeni sevmek,**
**kötü muamele edeni kucaklamak,**
**yüz çevirene bakmak,**
**herkesten ve kendinden memnun olmak,**
**herkese koşulsuz yardım etmek,**
**almadan vermek...**

Bunlar çok zordur. Kıyaslayan ego ve kutupsallık pençesindeki insan hep karşılık ister. Zıddı olmayan bir sevginin karşılığı ve koşulu olmaz ki. Korku, cesaret ile, karanlık ışık ile aydınlatıldı mı ne koşul ne de beklenti kalır geride.

Çok zor değil mi?

Güzel anlarda insanın bunları yapması kolay ama her durumda, her koşulda, herkesle yapmak çok zor. İşte bu yüzden tevhid herkesin harcı değil ve tekâmül işi. Bunu yapan da veliler. Yani, kanlı canlı insanlar.

Bazen şöyle derim, **"birisi yaptıysa herkes yapabilir"**. Yapamayan sadece yeterince çalışmamıştır konu üstünde; eğer fiziksel ve zihinsel engeli yoksa tabii. Yapmak için izni verene, yapmayı niyet ettirene selamlar olsun. Her şey O'ndan. Her şey O, Hu.

# ANTİK MISIR'DA "HAYATIN ANAHTARI" VE "AŞK"

İnsanoğlu tüm tarih boyunca kendini ve görünen dünyayı aşmayı, ölümü ve hastalığın ötesine geçmeye uğraşmış. Ancak iki göz kırpış arasındaki süreye hayat denilen bu yaşamda, nice firavunlar gelmiş de ölümsüzlüğü bulamamış. Zira ölümsüzlük sadece insanın bıraktığı eserler ve hatıralardan başkası değilmiş. Ten kafesinde yaşarken, ölmeden ölerek insanın dünya illüzyonundan kurtularak dünyada cennetini bulmasıymış.

Antik Mısır'da kullanılan ve **"hayatın anahtarı"** anlamına gelen **"Ankh"** sembolü de bu aranıp da bulunamayan, sadece arayanların buldukları sırra işaret ediyor.

Temelde bir daire ile yatay ve dikey 2 çizginin birleşiminden oluşur. Yatay çizgi ölümü sembolize ederken, dikey olan ise hayattır. **Vedik** öğretide **"Maya"** diye tabir edilen hayat illüzyonundan kurtuluşun anahtarı **Mısırlılar'da Ankh** ile remzedilir; yani **"hayatın anahtarı"** ile. Ankh, James Churcward'ın Batık Kıta Mu adlı kitabında bahsettiği **Naakal** tabletlerinde de geçen ve yeniden doğuş anlamına gelen "T" harfinin üzerine oturtulmuş küçük bir daireden ibarettir. **"Tau"** adıyla bilinen "T" kısmı Maya, İnka, Hindu, Çin ve Kalde yazıtlarında rastlanan, birçok alfabede kullanılan bir harftir. Swastika ile Hindistan'da dört elementi göstermek için de kullanılmıştır.

Ankh, İsis misterleri inisiyasyonunda kullanılan bu sembole birçok Mısır ilahının elinde rastlanmakla birlikte, en çok İsis'in elinde rastlanır. Sembole **"kulplu haç"** (crux ansata) da denilir.

Hem, kadın ve erkeğin birlikteliğini hem de yaşam ve ölümün birlikteliğini simgeler. "Nil'in anahtarı" olarak de geçer, zira Nil'in yükselen suları kurak dönemlerde çölleşen vadiye bereket verir. Her anlatımda da hayatın ve ölümün sembolüdür.

Ankh sembolü genel anlamıyla ya da semavi ve dünyevi alem arasındaki irtibata ilişkin anlamıyla kullanıldığında daire Semavi Yönetimi, "T"nin yatay çizgisi olan kol yeryüzü ile semavi alemi ayıran sınırı simgeler. Sütun sembolizmini içeren aşağı inen kol ise iki alem arasındaki, iki yönlü her türlü irtibat ve iletişimi temsil eder.

Yatay eksen ölümü sembolize eder. Her iki ucu dualitenin eril ve dişil yönüdür. Yatayda ise insanın maddeden manaya yükselişi remzedilir.

Antik Mısır güzemlerini batıni ekol ile bağlamak istersek, Ankh ile anlatılan süreç bir yolculuktur. Lakin kadim Osiris dini de inisiasyona dayanan bir yapıya ve makamlara sahipti.

Bu süreçte geldiği ilahi kaynaktan ötürü bir ayağı yerde bir ayağı mana aleminde olan insan her iki kanadını da kullanmayınca uçamayan kuş gibi, madde ve mana dengesini tesis etmediği sürece hakikatini bulmayacaktır. İnsan ne maddesel hayata bağlanıp **makam, mevki, para vs. gibi maddesel putlara bağlanmalı**, ne de kendini dünyasal yaşamdan soyutlayarak ya da sadece ruhsal öğretiler peşinde giderek dünya yaşamını unutmalıdır. İdeal olan dengeli bir hayat.

Bir diğer denge de evrenin temeli olan **zıtlıkların birlikteliği**, yani tevhid. Zıtlıklardan herhangi bir tanesinin olmaması halinde evren yok olur. Öyleyse, hayatta her daim zıtlıklar, döngüler, gelgitler olacaktır. Önemli olan kişinin zıtlıkları fark etmesi, anlaması ve psiko-ruhsal olarak BİR'lemesidir. Bu BİRLEME, yani tevhid, zıtlıkların hakim olduğu bir dünyada yaşarken kişinin bilinç olarak yapabileceği bir şeydir. Bu da bir diğer dengedir. Zıtlıklar o kişi için yoktur artık, sadece **zıtlıkların birlikteliği** vardır.

Her iki dengeyi bu dünyada yaşarken, yani ölmeden evvel tesis edebilen kişi, ölümsüzlüğün de anahtarını elinde tutar. Ancak henüz bu anahtarı kullanilecek seviyede değildir. Çünkü hakikate yolculuk AŞK ister. Sadece akıl yetmez, sezgi de gereklidir çünkü sezgiler bizi akıldan kalbe götürür. Cemalnur Sargut diyor ki "**kalp bir et parçasıdır**, üstüne **nur vurunca gönle dönüşür.**" İşte o zaman gönülde güller açar. Bu güller sevgidir, aşktır. Bu aşk Eros değil ilahi aşk olan **Agape**'dir "IŞK"tır. **AMORE** kelimesinin anlamında saklı olan ölümsüzlük, AŞK'ta saklıdır. Gül, **Leyla'dan Mevla'ya** geçiştir.

AŞK öyle büyük bir ilaçtır ki, insanı her şeyi olduğu gibi kabul etmeye, zıtlıkları değil her daim birliği görmeye ve zıtlıkların dansı sırasında yaşanan her şeyin üstesinden gelebilecek güce sahip olmaya götürür. Önemli olan gülü güzel koktuğu ve göründüğü için kabul etmek değil, gülü dikenleri çizerken de sevebilmektir.

Mevlana'nın her şeyin sonu **RIZA**'dır ile işaret ettiği sır işte budur. O zaman "**sen bensen, ben sensem bu ayrı gayrı niye?**" der insan ve 4 yöne "severim Yaradılanı Yaradan'dan ötürü" diye AŞK ile haykırabilir. Altı yöne isyan eder.

Ölümü aşan sonsuzluğu bulacaktır derler ya, ölümsüzlük iksiri herkesin içinde saklı aslında. Konu **Leyla'dan Mevla'ya** geçmekle ilgili. Tsaavvuf'ta bahsedilen **veled-i kalbi** doğurmakla ilgili. Bunun da kapısı rıza.

Her ne kadar bu süreç Tasavvuf'ta "**fenafillah**" ve ya "ölmeden önce ölmek" olarak tanımlansa da, bu süreç kişinin kendi küllerinden **Anka Kuşu** gibi yeniden doğmasıdır. İnsanın egosunu müttefiği yapmasıdır.

Bunu yapabilen insan artık hayata ve çevresine farklı gözerle bakar. Acı ve ızdıraptan kurtulur, Polyanna gibi saf değil ama bilinçlice bir mutluluk hali yaşar her an. Buda'nın **Dhammapada**'da bahsettiği acıdan kurtulmak için "**Sekiz Asil Yol**" bunu anlatır. Nefs'in Mertebelerinin 4ncü aşaması **Nefs-i Mutmaine** ızdıraptan kurtuluşu tanımlar. Bu noktadan sonra da kişi **sefaya da belaya da eyvallah** der. Övgüden **ve sövgüden etkilenmez.** Dualist dünyada yaşar, ama her şeye teklik açısından bakar ve yaşar.

İşte artık bu noktadan sonra içindeki ışığın parıldamasını ve çevresini aydınlatmasına engel olacak hiçbir pası ve kiri kalmaz. O artık bir ham taş değil, ışıl ışıl parıldayan bir cilalı taştır. Berrak bir sudur.

*Kalp bir et parçasıdır, üstüne nur vurunca gönle dönüşür.* – Cemalnur Sargut

# - 2 -
# BİR TEVHİD SULTANI
# "HZ. MEVLÂNA"

# HZ. MEVLÂNA

Hz. Mevlâna olmadan Tasavvuf sohbeti olmaz. Hele anlam ve değer eksikliği yaşayarak ruhsal açlıkla arayışa girmiş toplumumuzda Hz. Mevlâna ve Şems'in sözlerinin feyz alınmadan paylaşıldığı bu dönemde. Bir tevhit eri, Aşk sultanı olan Hz. Mevlâna acaba rıza makamı için ne demiş? **"Gönlüne belalar geldikçe gülerek karşıla. Şükrü ve sabrı öğreniyorsun. Korkma, rıza makamı yakın sana."** İlginçtir ki Allah'ın 99 isminin sonuncusu sabırdır ve Kudüs'e Sidre-i Münteha öncesi Hz. Peygamber'i götüren **Burak** adlı atın anlamı da sabırdır. Sabır rıza için kilit bir kelime. Cemalnur Sargut'un çok güzel anlatımı ışığında sabır, sevmediği şeye katlanması değildir insanın. Sabır, insanın sevdiği şeye ulaşma yolunda gösterdiği çabadır. Gülü dikenine rağmen sevmektir.

Ancak rıza göstermek ile ilgili Hz. Mevlana'nın en güzel sözü bence başkadır...

*Gel, gel, ne olursan ol yine gel,*
*İster kafir ister mecusi,*
*İster puta tapan ol yine gel,*
*Bizim dergahımız, ümitsizlik dergâhı değildir,*
*Yüz kere tövbeni bozmuş olsan da yine gel...*

Bir bardak suya bir damla mürekkep atsanız o su içilmez olur. Ancak Hz. Mevlâna gibi akan büyük bir nehir hatta okyanus iseniz, o bir damla mürekkep etki etmez. İşte Hz. Mevlâna böylesine bir okyanustu ki, bu güzel sözler gönlüne aktı. Bir ayağı sabit, 72 milleti tavaf ettiğini söylerken de herkesi olduğu gibi kabul ettiğini, kimseyi ayırt etmediğini gösterdi. **Alçakgönüllülük, kabul, tevazu, tolerans** gibi harika bilgelik özelliklerini herkes tarafından kabul görerek barındıran Hz. Mevlana'nın hayatı, Mesnevi ve diğer eserleri, Mevlevilik ile birlikte bugün Robin Sharma gibi dünyaca ünlü yazarlar tarafından okunup incelenmekte, Amerika ve Avrupa'da bazı üniversitelerde okutulmaktadır. Hatta **2007 yılı Dünya Mevlâna** Yılı olarak **UNESCO** tarafından ilan edilmiştir ve o güzel kültürün dünyaca tanıtımı için ülkemizde ve farklı ülkelerde çeşitli aktiviteler düzenlenmiştir.

Sekiz asır önce Horasan'a doğan bu güneş için bakın Hac dönüşü uğranan Şam'da Tasavvuf'un üç nurundan biri kabul edilen Muhyiddin İbnü'l-Arabî, Alimlerin Sultanı lakaplı babası **Bahâeddin Veled**'in arkasında yürüyen Celâleddin'e bakarak; **"Subhanallah! Bir okyanus, bir denizin arkasında yürüyor,"** der.

O zamanlar henüz **Mevlâna** ismini almamıştı. **"Mevla'dan gelen"** anlamına gelen bu isim Muhyiddin İbnü'l-Arabî'den ders alan ve onun üvey oğlu olan **Sadreddin Konevi** tarafından verilmiş.

Düşünün bir kere. Hz. Mevlana'nın doğduğu evde ve çevrede onu kaderine hazırlayan bir ortam ve hakikat ateşi varmış. Böyle nurlu tesirlerle harmanlanan şekillenen yaşamını kendi deyimiyle **"hamdım, piştim, yandım"** diyerek üç kelimede anlatmış.

Tüm hayatına baktığımızda ise devrin önemli Tasavvuf alimlerinden dersler alma imkanına eriştiğini de görürüz. Sanki bir lokomotife odun atıp ateşi her daim harlı tutmak istercesine, bu alimler ardı ardına babası Bahaeddin Veled'in oluşturduğu temel üstüne katlar çıkmışlar.

Ve düşünün ki, o dönemde öyle büyük alimler ile Anadolu topraklarına nur saçmış ki, birbirlerinden etkilenmemeleri ve feyz almamaları mümkün değil. Sanki Moğol istilaları ile kavrulan Anadolu insanına ilaç olmuş Tasavvuf ve Tasavvuf nuru. Esas bu dönemi özel kılan ise **Muhyiddin İbnü'l-Arabî, Hacı Bektaş Veli, Mevlâna ve Yunus Emre** gibi çok üst seviyede olan alimlerin çok yakın zamanlarda yaşamış olmalarıdır. Sanki görünmeyen bir el Anadolu'yu korumuş gibidir.

Bahaeddin Veled kimine göre Moğol istilasından, kimine göre ise kayınpederinin Harzem Şahı ile arasının açılmasından dolayı ailesi ve müritleri ile beraber Belh şehrinden göçe karar verir ve Konya'da sona eren yolculukları tam 17 yıl sürer.

Ve her şey Mevlâna için **1244** yılında Konya'da **Şekerciler Çarşısı'na gelen, baştan aşağı siyahlar giyinen bir derviş** ile değişir. **Şems-i Tebrizi'**dir bu derviş. Gezici bir tüccar olduğunu söylüyordu. Bazılarına göre bir İsmaili Dai'sidir.

Sonradan **Hacı Bektaş Veli'nin Makalat** (Sözler) adlı kitabında da anlattığına göre, bir aradığı vardı. Aradığını Konya'da bulacaktı, gönlü böyle diyordu. Yolculuk ve arayış bitmişti. Şems yola koyulup nokta atışı Konya'ya Mevlâna'ya varmıştır. Hiçbir ara noktada zaman kaybetmemiş, arayışa geçmemiş ve sadece Konya'ya gelmiştir. Mevlâna'yı bulmuştur orada sanki ona verilmiş bir görev gibi.

Mevlâna göç ettikleri Horasan bölgesinde "Bilginlerin Sultanı" olarak bilinen babası Bahaeddin Veled'in ışığından ve Konya'ya yolculukları sırasında ve Konya'da birlikte çalıştığı **Muhyiddin İbnü'l-Arabî, Feridüddin Attar, Sadrettin Konevi** gibi mutasavvıflardan feyz almıştı. Babasının ölümüyle müritleri Mevlana'nın çevresinde toplandılar ve İplikçi Medresesi'nde vaazlara başladı. Artık büyük bir ilim ve din bilginiydi. Ancak henüz gönlü coşmamıştı. Cemalnur Sargut'un deyimiyle **bir et parçası olan kalbine henüz nur değmemiş ve kalbini gönle çevirmemişti.** Aşk ateşi henüz onu sarmamıştı.

İşte Şems çıkageldiği vakit, ilimlerin sultanı olan, dini bilgisi okyanus olan Şems kendinden geçti. Bildiği her şeyi bu her zaman siyah giyinen, gözü pek, sözünü esirgemeyen bu gizemli adam ona unutturdu ve tekrar buldurttu. Uzun Allah yolunda Aşk sohbetleri onları alemden aleme götürdü, gönüllerini coşturdu, akıllarına ise daha büyük gizemleri keşfetmeleri için güç verdi, nur verdi.

Genç Mevlâna, Şems ile şaha kalktı. Barajın ardında seller gibi akıp gürlemeyi bekleyen sular gibi olan potansiyeli bir anda açığa çıktı ve Aşk yolunda her yöne akmaya, ışık saçmaya başladı.

Şems olmasaydı gölgenin ışık olmadan var olmaması gibi bildiğimiz Hz. Mevlâna olmayabilirdi. Gerçi bu kaderi planı gerçekleştirmek için Şems olmasa bir başkası aracı olurdu çünkü Şems ya da bir başkası bu süreçte sadece birer aracıydı. Hakk, Şems'ten ona konuşuyordu o an ve bu uyanış mutlaka olacaktı.

Bu bağlamda Şems'in Mevlana'nın nurlu yolunda coşturucu etkisi büyük. Ancak bu onu mürşid yapar mı? Bilinmez. Hem yapar hem yapmaz desem çok mu gri bir cevap olacak? Çünkü Mevlâna da Şems de kendi alanlarında birer İlim, İrfan ve Gönül sultanlarıydılar. Tarzları farklıydı. Yin ve Yang gibi birbirlerini tamamlayacak olan ancak birbirlerini bulana dek ruh ikizini arayan insanlar gibi arayışta olan sultanlardı. Ve o muhteşem gün gelip çattığında arayışları son buldu. Tıbbın simgesi Kadüse'de simgelendiği gibi onlar birbirlerinde zıtlıkları BİR ettiler, ikiyi bir ettiler. Akıldan kalbe geçtiler. Mana aleminde kürek çektiler, kendilerinden geçtiler. Muhabbetullaha varıp, nurlanıp yandılar. O kadar yandılar ki varlıklarını unuttular. Hiçliklerini bilip, Mutlak ve Bir olan Allah'ın varlığını AŞK ile her hücrelerinde hissettiler.

Bana göre Mevlâna ve Şems birbirlerinin hem mürşidi hem de öğrencisiydiler. Mevlâna'nın güneşim dediği Şems, Mevlâna'yı yapmaktan olmaya, akıldan kalbe geçiren bir aracıydı. Mevlâna ise mana kanadı güçlü olan Şems'in kalben bildiklerini akılla tamamlıyordu sanki. Her ikisi birbirini tamamlıyordu. Hayattaki **karşılaşmalar oyunu** kendilerindeki eksik parçası birbirlerinde tamamlatmıştı.

Abdülbaki Gölpınarlı ise buluşma ve sonrasını şöyle anlatır. *"Mevlâna Şems ile buluştuğu zaman adeta yıkanmış, arınmış suyu, zeytinyağı konmuş, fitili bükülüp yerleştirilmiş ve yeri neresi ise oraya asılmış bir kandildi. Yanarsa bütün dünyayı aydınlatacak ne ışığı azalacak ne yağı tükenecek, nuru günden, güne parlayacak, ıssızlığı andan, ana artacaktı. Fakat bir kibrit, bir alev, bir şule lazımdı kandili yakmağa. Ve işte Şems bu görevi yapmıştır. Ama o kandil yanınca kendisi de bir pervane kesilmiş varlığından geçip gitmişti."*

O günden sonra Mevlâna bir daha eskisi gibi olmamıştı. Eski

zamanların tarikat sultanı, marifeti Şems vasıtasıyla bulmuş ve onun gidişi sonrasında Mesnevi-ve diğer eserlerini yazarken hakikate varmıştı

İşte bu hakikattendir ki, Hz. Mevlâna'nın vefat ettiği gün olan **17 Aralık, "düğün gecesi"** anlamına gelen ve sevgilisi olan Rabbine kavuşma günü olduğu için Şeb-i Arûs olarak anılır. **"Ölümümüzden sonra mezarımızı yerde aramayınız! Bizim mezarımız ariflerin** gönüllerindedir» diyor Hz. Mevlâna.

Şeb-i Arus ölümün ağıt yakılarak üzüntüyle karşılandığı bir gün değil, tam da tersine Hz. Mevlâna'nın hakkın rahmetine, sevgilisine, kavuştuğu için bir "**kavuşma günü**" olarak adlandırılıyor. O günde sadece İslam dini liderleri değil, Hristiyan ve Musevi dini liderleri çeşitli farklı uzak şehirlerden onu sevgilisine son yolculuğunda uğurlamaya cenazesine gelmiş ve o günü Mevlâna'nın o ünlü "**kim olursan ol gel**"* sözünü teyit eder biçimde "**farklı inanca sahip insanların bile birleşebileceği örneği**" ile daha sekiz asır öncesinden unutulmaz kılmışlardır.

---

* Bu şiir Hz. Mevlana'ya atfedilse de aslında Ebu Said-i Ebu'l-Hayr isimli şaire ait olduğu iddia edilir. Mutasavvıf Şefik Can, Mevlana'nın altı ciltlik Mesnevi'si varken bu şiirin ona ait olmayan 7. ciltte yazılı olduğunu söyler. [3] Şefik Can konuyu şöyle açıklar: «Mevlana'ya ait olduğu söylenen bu meşhur dizelerin, Kirmani isminde bir şaire ait olduğunu Ziya Paşa "Harabat" adlı eserinde belirtiyor. Sonra Mevlana dergahından Necati Bey adında bir katip, nasıl oluysa bir dergide bu beytin altında Mevlana yazdığını görmüş, her yerde söylemiş, diyor Şefik dede... Yine her nasılsa bu bilgi hiç tadile uğramadan tâ bugünlere dek gelmiş.."[4] Can ayrıca bu şiirin Mevlânâ›ya ait olmadığı halde onunmuş gibi gösterilmesinin, halkın nazarında Mevlânâ›yı gözden düşürmek için uydurulduğunu ifade eder.[5] Mevlana'nın intihal yaptığı yönündeki iddialara cevap veren İlber Ortaylı, Mevlana'nın hiçbir kitabında bu dizelerin bulunmadığını, bu şiirin Mevlana'dan sonra ona isnad edildiğini ifade eder.[1]) (Kaynak: https://tr.wikipedia.org/wiki/Gel_Gel_Ne_Olursan_Ol_Yine_Gel)

# HZ. MEVLÂNA'NIN KRONOLOJİSİ

Hayatta güzel olan her şey her zaman en basit olandır. Hayat aslında yalınlıkta saklı. Hz. Mevlâna hakkında ben de dahil onlarca şey yazıyor ve çiziyoruz, ancak birkaç adım geriye çekilip Anglosakson tarzı yönetim felsefesindeki gibi o çok şey sığdırdığı, engin ve derin hayatını nasıl tek sayfaya indiririm diye düşündüm. Ve aklıma bir **kronoloji** çıkarmak fikri geldi.

- **1207 Horasan, Belh'te doğdu.**
- 1212 Belh'ten ayrılış
- 1213 Feridüddin Attar ile karşılaşması
- 1222 Muhyiddin İbnü'l-Arabî ile karşılaşması
- 1225 Karaman'da Gevher Hatun ile evlenmesi
- 1226 Sultan Veled ve Alaaddin Çelebi'nin doğumu
- 1229 Konya'ya varış
- 1231 Babasının ölümü ve Tırmizli Seyyid Burhaneddin Muhakkik'in gelişi
- **1244 Şems-i Tebrizî ile karşılaştı**
- 1246 Şems'in Konya'dan ilk ayrılışı ve sonra Şam'dan dönüşü
- **1247 Şems'in ortadan kaybolması,** Selahaddin Zerkubi ve ilk Sema ayini
- **1263 Çelebi Hüsameddin ve Hz. Mevlana'nın Mesnevi'yi kaleme alışı**
- 1273 Konya'da 66 yaşında Hakk'a kavuştu.

# MEVLÂNA'YI HZ. MEVLÂNA YAPANLAR

Konu "Şeb-i Arus" olunca güzel Dünyamızın en güzel ve özel topraklarından biri olan veliler yurdu Anadolu'muzun en büyük değerlerinden Hz. Mevlâna üstüne farklı yazılar yazmaktan kendimi alamıyorum.

Yeni şeyler söylemek cancağazım diyen Hz. Pir'in dilinden dökülen kelamı izleyerek gelin bu yazımda Hz. Mevlâna'yı sekiz asırdır dillerden düşmeyen bir değer yapan o sürece katkıda bulunan çok özel insanların kimler olduklarına bakalım.

Hiçbirimiz bu dünyada tek başımıza var olamayız. Bu yüzdendir ki her birimiz bugün olduğumuz kişiye geçmişte bizi olumlu ya da olumsuz etkileyen olaylar ve kişilerin birer sonucu olarak geldik. **Tesirler mekanizması** olarak da bahsedeceğimiz dünya tiyatrosunun bir süreci işte.

Liste uzun ancak sadece en öne çıkanları kendi bulabildiğim kadarıyla yazacağım...

- Babası Bahaeddin Veled
- Necmeddin Kübra
- Feridüddin Attar
- Seyyid Burhanaddin Muhakkik
- Sadreddin Konevi
- Şems-i Tebrizi
- Selahaddin Zerkubi
- Hüsameddin Çelebi
- Muhyiddin İbnü'l-Arabî

Düşününün bir kere bu insanların bir tanesi ile bile kısa bir süre karşılaşıp bir mana cereyanına daldığınızı. Hayatınıza ne denli katkıda bulunabilirlerdi o kısacık zaman zarfında bile. Kısacık bir sohbet bile sizi on yıl öteye götürmez miydi?

Bu listede yer alan babası Sultan-ı Ulema lakaplı Bahaeddin

67

Veled ve Muhyiddin İbnü'l-Arabî bile ek başlarına yeterlerken, listede onun hayatını bire bir etkileyen diğer isimlere baktığınızda Hz. Mevlana'yı ve öğretisinin neden tüm dünyaya sekiz asır sonra bile etkide bulunduğunu anlamamak imkânsız.

Ayrıca yaşadığı dönem öyle özel bir dönemmiş ki aşağıda isimlerini vereceğim veliler ve İslam filozofları da farklı şehirlerde ışık saçıyorlardı.

- Razi
- Şirazi
- Hacı Bektaş Veli
- Yunus Emre
- Taptuk Emre
- Ahi Evren

Bunca hakikatin nurunu Anadolu topraklarına yansıtan veli ile Hz. Mevlana'nın da etkileşime girmemesi düşünülemezdi. Doğaldır ki tüm bu mana cereyanı sayesinde Anadolu önce manen fethedilmiştir.

# HZ. MEVLÂNA VE ANADOLU RÖNESANSI

Hepimiz okulda okurken **Rönesans Dönemi**'nden ve modern Batı kültürü üstündeki etkisinden bahsedildiğini hatırlarız. Ancak **Avrupa Rönesans'ı öncesi bir Anadolu Rönesans'ı vardır** ki, maalesef dünya tarihi bunu böyle açıklamıyor ve Anadolu toprağının çocuğu olan bizlerin çoğu da bunun sanırım henüz tam olarak idrakine varmadık. **Avrupa Rönesans'ı öncesi Rönesans aslında Anadolu'da ve Orta Doğu'da yaşanmıştır.** Ancak tarihi yazan ellerin menşei gereği herkes kendi önünü görebilmektedir.

Öncelikle Rönesans Dönemi'nden kısaca bahsetmekte fayda var. Rönesans, **15 - 16. yüzyıl İtalya**'sında antik dönem ile o dönem arasında sanat, bilim, felsefe ve mimarlıkta bağın tekrar kurulmasını sağlayan, Antik Yunan, Roma, Helenistik dönemler ve Mezopotamya filozof ve ilim insanlarının çalışmalarının çeviri yoluyla alındığı, deneysel düşüncenin canlandığı, insan yaşamı (**hümanizma**) üzerine yoğunlaşıldığı, matbaanın bulunmasıyla bilginin geniş kitlelerle paylaşımının arttığı ve radikal değişimlerin yaşandığı dönemdir. Bu çağ uzun zamandır geriye düşmüş olan Avrupa'nın ticaret ve coğrafi keşiflerle yükselişinin öncüsü olmuştur. Bir nevi Orta Çağ'ın dini baskıları sonucu kendisini unutan insan artık tekrar kendini hatırlamış ve bulmuştur.

Rönesans Dönemi, Haçlı Seferleri ile birlikte Doğu'nun maddi ve kültürel miraslarının, hazinelerinin Avrupa'ya transferi üstüne inşa edilerek kurulmuştur. Orta Çağ döneminde inançlar ve insana yapılan baskılar sonrası, insanın ve sanatın tekrar ön plana çıktığı, yükselişe geçtiği bir dönemdir Rönesans Dönemi. Bu döneme imzasını atan unsur ise "**insancıllık ile akıl ve fikir özgürlüğü**"dür ki; bu da 1789 Fransız İhtilali'ne kapıyı açan altyapıyı hazırlamış.

Avrupa kaynaklı Rönesans Dönemi'nden bahsetme sebebim, Avrupa'nın açlık, hastalık, sefalet, baskı içinde yaşadığı Orta Çağ karanlığı sırasında Anadolu ve Orta Doğu'da bir Rönesans Dönemi yaşanmış olmasıdır. Ne acıdır ki, bunu ne Anadolu insanı ne de gelişen dünyanın birçok modern aydını bilmiyor. Bizler de yeterince dünyaya duyuramamışız demek.

Antik Yunan ve Roma medeniyetleri sonrası **Büyük İskender**'in kurduğu büyük imparatorluk içinde İskenderiye merkezli bir **Helenistik Dönem** yaşandı ve 2000 yıl önce Doğu ve Batı bilgelikleri bu ortamda birbirleriyle tanıştı, kaynaştı. Yükselen Hristiyanlık sonucu Kilise'nin ön plana çıkmasıyla Helenistik Dönem öğretileri ve onunla gelen **Neo-Platonik akım** da yavaş yavaş düşüşe geçti. Ancak Avrupa'nın kültürel ve fikren düşüşe geçtiği dönemde Arap filozofları Antik Yunan, Mısır, Mezopotamya ve Helenistik Dönemlerinin kültürel mirasını taşıyan neferler oldular ve İslam Felsefesini ileriye götürdüler. **Arabistan Yarımadası'ndan Endülüs İspanya'sına dek hükmeden Arap Devletleri o coğrafyada İslam Felsefesi ve ezoterizmini geliştirdiler.**

Buna paralel olarak da **Ahmet Yesevi** ve sonra **Ahilik** ile Orta Asya'da temelleri atılan ve sonrasında **Hacı Bektaşi Veli, Yunus Emre, Mevlâna Celaleddin-i Rumi** ile olgunluk basamaklarını tırmanan bir ışık da Doğu'dan Anadolu'ya yayılmaya başlamıştı. Binlerce yıllık kadim Türk geleneği olan Şamanizm'den güç ve feyz alan, yükselen İslam ile kaynaşan ve Orta Asya'nın **Budizm, Taoizm, Hinduizm** gibi farklı inanç sistemleriyle de etkileşerek zenginleşen bu ışık, **Antik Yunan, Mezopotamya, Mısır** mirasıyla zenginleşmiş İslam **Felsefesiyle** de etkileşime girerek daha da güçlü bir hale geldi. Bu yayılan güçlü ışık Moğol istilası altında kırılan Anadolu insanına bir müjde oldu, ruhlarına ilaç gibi geldi. Anadolu insanın hayata dört elle eve tam bir farkındalık ile tutunmasını ve bağlanmasını sağladı. Bu yüzdendir ki hepsi olmasa da bazı Selçuklu padişahları Mevlâna gibi değerli bilge adamları koruyup kolladılar, desteklediler ve onlardan öğrendiler.

Bilmiyorum farkında mısınız, ama **Türkiye'mizin şu an**

**dünya üstünde tek laik ve demokratik İslam ülkesi olması-
nın altında bence bu Anadolu Rönesans'ı** döneminin getirdiği
farklılıkları ve çeşitlilikleri kabul, tolerans, tevazu kültürü var-
dır. Bu yüzdendir ki **bana göre Cumhuriyet dönemi reformla-
rı Anadolu topraklarında kolay kök saldı ve halk tarafından
sahiplenildi.**

İşte bu ortamda Anadolu'dan geçen Haçlı Seferi yolları on-
larca savaş, talan arasında bile Anadolu bilgeliği ve İslam Ta-
savvuf'u ile tanışarak bu sonsuz bilgelik okyanusunun faydalı
suyundan kendi kaşıkları kadar içtiler. Kudüs'e uzanan Haçlı Se-
feri yolları ile de o bölgede başta İsmailliler ve Bektaşilik olmak
üzere diğer batıni sistemlerle de tanışıp, faydalandılar. Tanrı'nın
bu sonsuz güzellikteki mimarisinde **mutlak bilgi tek, ancak
biz sonlu, geçici ve fani varlıkların algısı farklı. Işık taşıyan
eller her zaman birbirlerinden feyz alır ve ışığı kendilerine
göre taşırlar.** Bu yüzdendir ki Avrupa'da yaşanmış olan Batı
Rönesans'ı da başka bir ışık taşıyan eldir ve onun ışığında yük-
selmekte olan aklın özgürlüğü, bilimin yeşerip gelişmesi için
gerekli ortamı Avrupa'da yaratmıştır. Bu bilim sayesindedir ki,
kadim ezoterik, dini ve felsefi bilgiler artık net bir şekilde makro
kozmos ve mikro kozmosu eski zamanlara göre bir hayli açıkla-
maktadır ve hayatımıza kullanılabilir teknolojiler olarak girerek
yaşantılarımızı kolaylaştırmakta.

Ancak hala Mevlevilik, Bektaşilik gibi batıni akımların **in-
sanın taşlı tekâmül yollarında** akıl ile kol kola gezen sezgilere
verdiği önem bilim ve felsefe ile elde edilemiyor. İnsan her za-
man kendinden büyük olan bir şeye, **geldiği kaynağı unutmuş
olmasındandır muhtemelen**, merak duyacak ve ulaşmaya çalı-
şacaktır. **Mistisizm denizinde eriyerek O'na ulaşmaya çalışa-
caktır.** Bu yuvaya dönüş yolculuğudur.

Uzun zamandır kendi içsel yolculuğumda dünya üstünde
ortaya çıkmış kadim ve modern inanç sistemlerini, öğretileri,
felsefeleri ve modern bilimi kendimce inceleyip harmanlamaya
çalışıyorum. Ancak şunu söyleyebilirim ki, Anadolu Rönesan-
sı'nın baş oyuncularından Mevlâna'mız ve Tasavvuf ilmi, tüm
söylenmiş olanları öyle güzel bir dille, kendi öz dilimizde, kendi

kültürümüzü baz alarak, öyle güzel örneklerle anlatıyor ki, bu okyanusu anlamak, hazmetmek ve içselleştirmek yıllar sürer. Mevlâna sekiz asır önce bunu yapmış ve yapmakla kalmayarak **herkesin anlayabileceği bir dille kendinden sonrakiler kolay öğrensin ve uygulasınlar diye de Mesnevi'yi yazmış.**

Yapılması gereken ona sahip çıkmak ve şu sözü hatırlamaktır; "**Aramakla bulunmaz ancak bulanlar hep arayanlardır.**"

# HZ. MEVLÂNA'NIN ESERLERİ

*"Cömertlik ve yardım etmede akarsu gibi ol*
*Şefkat ve merhamette güneş gibi ol*
*Başkalarının kusurunu örtmede gece gibi ol*
*Hiddet ve asabiyette ölü gibi ol*
*Tevazu ve alçakgönüllülükte toprak gibi ol*
*Hoşgörülülükte deniz gibi ol*
*Ya olduğun gibi görün ya göründüğün gibi ol"*
**Mevlâna Celaleddin-i Rumi**

Büyük gönül eri, hal erbabı, gönüllerin piri Mevlâna Cela-
leddin-i Rumi (1207-1273), Anadolu insanına ve de dünyaya
muhteşem hazineler bırakmıştır. Kâmil insan olma yolcuğunda
**(Seyr-i Süluk)** büyük adımlar atmış ve muhtemelen de bu mer-
tebeye ulaşmış olduğuna inanıyorum. Eserleri ve fikirleri bugün
sadece ülkemizde değil, başta İslam Dünyası olmak üzere kü-
reselleşen dünya düzeniyle birlikte dünyaya mal olan bölgesel
kültür miraslarının açık ve kolay paylaşımı ile başta Amerika
olmak üzere birçok yabancı ülkede okunmakta ve üniversiteler-
de okutulmaktadır. Osho, Robin Sharma gibi birçok yazar bugün
Tasavvuf ve Sufizm'den feyz almaktadırlar.

Hal böyleyken Hz. Mevlâna'nın eserlerini kısaca hatırlamak-
ta fayda görüyorum.

- **Mesnevi**
- **Divan-ı Kebir (Büyük Divan)**
- **Fihi Ma-Fih (Ne Varsa İçindedir)**
- **Mecalis-i Seb'a (Mevlâna'nın 7 Vaazı)**
- **Mektubat (Mektuplar)**

Kitabımın başında bahsettiğim gibi bu kitabın amacı kendi
içsel dönüşümümde bana yeni kapılar açan ve kanat çırpmama

vesile olan Tasavvuf'u anlatmak ve de kendi deneyimlerimi de aktarmak olduğu için bilhassa Hz. Mevlâna'nın eserlerinin isimlerini vermekten ötesini paylaşmıyorum.

# HZ. MEVLÂNA'NIN BAŞARISINDA KADININ YERİ

*"Kişi güneşe yüzünü döndü mü, gölgesi arkasında kalır.*
*Artık o nereye giderse gitsin, gölgesi hep peşinden gelir. Lâ-*
*kin kişi güneşe arkasını dönerse, gölgesi hep önünde kalır.*
*Ne kadar uğraşsa da gölgesini yakalayamaz. İşte bunun*
*gibi, insan, Allah'a yüzünü dönerse, mal-mülk, aile ve çoluk*
*çocuğu aynı gölgesi gibi onun peşinden koşar. Fakat kişi Al-*
*lah'a arkasını dönerse o kişi mal ve iyalim peşinden ne kadar*
*koşarsa koşsun, gölgesini tutamayacağı gibi onlara nail de*
*olamaz."*
**Mevlâna Celaleddin-i Rumi**

Hz. Mevlânâ'nın hayatı, eserleri, öğretisi ile ilgili çok şey ya-
zıldı yıllar boyunca. Hepsi de Hz. Mevlâna'nın ne denli büyük
bir gönül, bir hal erbabı olduğunu teyit eder. Ancak konuşulma-
yan bir şey vardır ki, bunu söylemeden geçemeyeceğim. "Her
başarılı erkeğin arkasında yatan" kadını da unutmamak lazımdır.

Hz. Mevlânâ iki defa evlenmiş. İlk eşi Gevher Hatun ölün-
ce, Konya'da ikinci kez Gera Hatun ile evlenmiş ve ondan Mu-
zafferettin Alim Çelebi adında bir oğlu ve Fatma Melike Hatun
adında bir kızı olmuştu. Mevlânâ'nın soyundan gelen Çelebiler,
genellikle Sultan Veled'in oğlu Feridun Ulu Arif Çelebi'nin to-
runlarıdır; Melike Hatun torunlarıysa Mevleviler arasında İnas
Çelebi olarak anılır.

*Sokrates'e sormuşlar "evlenelim mi?" diye. "Kesinlikle"*
*diye cevap vermiş büyük üstat. "Ya mutlu olursunuz ya da filo-*
*zof" diye de sözlerini tamamlamış.*

Evlilik inanılmaz harika ve kutsal bir kurum. İnsan tekâmül
açısından da çocuklarıyla birlikte ileriye götüren bir kurum bu.

Bence evlenmemek ve çocuk sahibi olmamak büyük bir kayıp. Bu kurumda hem mutlu hem de filozof olmak bence mümkün ve Hz. Mevlânâ'nın evlilik hayatında bunu başardığını düşünüyorum. Zira Hz. Mevlânâ gibi bir insan ile yaşamak çok fazla takip eden, ziyaret eden demek. Geç saatlere dek süren sohbetler demek. Bazen uzun zaman süren "**Seyr-i Süluk**" yolunda tefekkür dolu günler demek. Şems Tebriz'i ile karşılaşması sonucu çeşitli kaynaklara göre 40 gün ile 6 aydan süren halvet demek ve hatta her ikisi için çıkan dedikodu ve laflara aldırmamak demek. Kolay değil. Her kadın bu durumu yönetemez. Osmanlı kadını demek, belki de budur. Zira düşünsenize Hz. Mevlâna'nın eşleri dırdır eden ve adamın başını yiyen kişilikler olsaydı ne olurdu adamın hali diye. Hz. Mevlâna'yı desteklemiş ve her an onunla yürümüş olsalar ki, Hz. Mevlâna bugün bildiğimiz o tüm insanlık tarihine mal olmuş kişi olabilmiş ve öğretisiyle ışık saçabilmiştir. Aile mutluluklarından feyz almış ve onu bir katalizör olarak hayat ideallerini gerçekleştirmek için kullanmıştır diye düşünüyorum. Hz. Mevlana'yı hatırlarken yanında duran eşleri Gevher Hatun ve Gera Hatun'ları da bu yüzden unutmamak gerekir.

Hayat düaliste ilkesi gereği zıt kutupların dansına sahnedir ve her şey bu zıtlıkların medceziriyle test edilir. Erken ve kadın da evrensel düaliste ilkesi gereği zıtlıkların farklı kutuplarını temsil ederler. Ancak amaç bu zıtlıkların uyumlu birlikteliğidir ki, işte bu "vahdet-i vücud" olan teklik noktasıdır. Zıtlıklar dünyasında yaşarken zihnen TEKLİK açısından bakabilmek beşerî mutluluğun sırrıdır zira böyle bir bakış ile her şeyi olduğu gibi kabul edip, acı ve ıstıraptan kurtulabiliriz. Bu noktada zıtlıkların birliğini TEKLİK haline dönüştürmek için evlilik mükemmel bir kurumdur ve bunu başaran her iki kutbun sinerjisiyle "1+1=2"den daha fazlasını elde eder. Modern bilim buna "**sinerji**" diyor. Muhtemelen Hz. Mevlâna bunu da önceden keşfetmiş olsa gerek.

# MÜRŞİD ŞEMS Mİ MEVLANA MI?

*"Hamdım, piştim, yandım"*
Hz. Mevlâna

**17 Aralık yani Şeb-i Arus...**
Öldüğü zaman **Sevgili**'sine kavuşacağı için ölüm gününü "**Düğün Günü**" olarak adlandırırdı Hz. Mevlana. Anadolu Nuru'nun ışık taşıyan en önemli ellerinden birisi olan bu büyük hal erbabı, gönül sultanı, bizlere sekiz asır öncesinden bile hala seslenmektedir. Çünkü onun öğretisi evrenseldir, zamanının ötesindedir.

Sekiz asır önce bir **30 Eylül 1207** yılında bugünkü Afganistan sınırları içerisinde yer alan **Horasan** yöresinde, Belh şehrinde doğdu Celaleddin. Daha sonraları Rumi adını da alacaktı. **15 Kasım 1244** yılında ise Şems-i Tebrizî ile karşılaştı, güneşi ile karşılaştı. Şems ile karşılaşınca gerçekten oldu Hz. Mevlâna.

Bu karşılaşma sonucu hakikatin nurunun Mevlana'ya dokunması sürecinde dair bazen bir soru gelir aklıma...

*Mevlana'mı mürşitti, yoksa Şems mi?*

Ben bence zor bir soru ve cevabı da muhtemelen bizlerin bilemeyeceği bir şey. Ancak bazı fikirler yürütebiliriz.

Şu var ki Şems yola koyulup nokta atışı Konya'ya Mevlâna'ya varmıştır. Hiçbir ara noktada zaman kaybetmemiş, arayışa geçmemiş ve sadece Konya'ya gelmiştir. Mevlâna'yı bulmuştur orada sanki ona verilmiş bir görev gibi.

Şems çıkageldiği vakit, ilimlerin sultanı olan, dini bilgisi okyanus olan Şems kendinden geçti. Bildiği her şeyi bu her zaman siyah giyinen, gözü pek, sözünü esirgemeyen bu gizemli adam ona unutturdu ve tekrar buldurttu. Uzun Allah yolunda Aşk sohbetleri onları alemden aleme götürdü, gönüllerini coşturdu, akıllarına ise daha büyük gizemleri keşfetmeleri için güç verdi, nur verdi.

Mevlâna Şems ile şaha kalktı. Barajın ardında seller gibi akıp gürlemeyi bekleyen sular gibi olan potansiyeli bir anda açığa çıktı ve Aşk yolunda her yöne akmaya, ışık saçmaya başladı.

Şems olmasaydı **gölgenin ışık olmadan var olmaması** gibi bildiğimiz Mevlâna olmayabilirdi. Gerçi bu **kaderi planı** gerçekleştirmek için Şems olmasa bir başkası aracı olurdu çünkü Şems ya da bir başkası bu süreçte sadece birer aracıydı. Hakk Şems'ten ona konuşuyordu o an ve bu uyanış mutlaka olacaktı.

Bu bağlamda Şems'in Mevlâna'nın nurlu yolunda coşturucu etkisi büyük. Ancak bu onu mürşid yapar mı? Bilinmez. Hem yapar hem yapmaz desem çok mu gri bir cevap olacak? Çünkü Mevlâna de Şems de kendi alanlarında birer ilim, Irfan ve Gönül sultanlarıydılar. Tarzları farklıydı. Yin ve Yang gibi birbirlerini tamamlayacak olan ancak birbirlerini bulana dek ruh ikizini arayan insanlar gibi arayışta olan sultanlardı. Ve o muhteşem gün gelip çattığında arayışları son buldu. Tıbbın simgesi Kadüse'de simgelendiği gibi onlar birbirlerinde zıtlıkları BİR ettiler, ikiyi bir ettiler. Akıldan kalbe geçtiler. Mana aleminde kürek çektiler, kendilerinden geçtiler. Muhabbetullaha varıp, nurlanıp yandılar. O kadar yandılar ki varlıklarını unuttular. Hiçliklerini bilip, Mutlak ve Bir olan Allah'ın varlığını her hücrelerinde hissettiler.

Bana göre Mevlâna ve Şems birbirlerinin hem mürşidi hem de öğrencisiydiler. Mevlana'nın güneşim dediği Şems, Mevlâna'yı yapmaktan olmaya, akıldan kalbe geçiren bir aracıydı. Mevlâna ise mana kanadı güçlü olan Şems'i akılla bildiğini daha iyi hazmettiren bir aracıydı. Her ikisi birbirini tamamlıyordu. Hayattaki karşılaşmalar oyunu kendilerindeki eksik parçası birbirlerinde tamamlatmıştı.

İşte böyle bir süreçti onları birleştiren ve kendi içlerindeki gizli hazineleri açıp, tüm insanlığa mal eden. Benimkisi ise sadece uzaktan bakıp o nura dair kendi kabım kadar bir yorumda bulunmak.

# MESNEVİ VE ETKİN DİNLEMEK

Hz. Mevlâna'nın en büyük eseri olan "Mesnevi", hikayeler ile batıni bir öğretinin anlatıldığı bir kitap. Her okuyuşta farklı farklı şeyler alıyor ve öğreniyor insan. Her okuyan kendi kabı, kendi kaşığı kadar alıyor. Mesnevi, mana okyanusunda büyük bir ada. "BİŞNEV" ile başlıyor Mesnevi. Bişnev, Farsça DİNLE demek.

Dinlemek maalesef özellikle Akdeniz kültürü insanının en büyük sorunlarından birisi. Modern Batı toplumunda ise bireysellik ve pragmatizm neticesinde seçici dinleme daha baskın. Kolektif düşünen ve bütünsel bakan Doğu Kültürlerinde ise konuş konuş nereye kadar durumuna düşebiliyor insan.

Birçok insan duyuyor, ama işitmiyor. İşitiyor, ama dinlemiyor. Dinliyor, ama anlamıyor. Anlasa da içselleştirmiyor. Sesten fikre, fikirden kalbe geçiş öyle kolay değil. Bunu isteyen de çok değil.

Dinlemiyoruz...

Çünkü o anda bir başka şeyi düşünüyoruz...

Çünkü karşıdakinin lafını bitirdiği zaman bizim ne söyleyeceğimizi tasarlamakla aklımız meşgul...

Çünkü dinlerken odaklanmıyor ve bir başka şey yapıyoruz...

Çünkü o an aklımıza gelen şeyi unutmamak adına veya kendi söyleyeceğimizin daha önemli olduğuna inanarak laf kesiyoruz...

Çünkü haklı olmak adına laf kesiyoruz ve kendi fikrimizi dayatıyoruz...

Çünkü dinlemekten çok anlatmayı seviyoruz...

Çünkü eleştirilmekten, beğenilmemekten korkuyoruz...

Çünkü kafamızdaki hesaplaşmalar, hayaller, acı, üzüntü ve

kaygılardan dolayı gündüz düşlerimiz var...

Çünkü sadece istediklerimizi dinliyoruz (seçici dinleme)...

Çünkü iletişimin sadece %7'si olan sözlere takılıp %38 ses, %55 beden dilini kaçırıp gerçekten insanların ne dediklerini anlamıyoruz...

Çünkü dinlerken o kişinin içinde bulunduğu koşulları anlayarak gerçekten ne dediğini ne hissettiğini idrak etmeye çalışmıyoruz...

Çünkü söyleneni çürütmek için dinliyoruz...

Çünkü filtreler aracılığıyla kendi sevdiğimiz şeyleri dinliyoruz...

Çünkü kişiliğimizi ve davranışlarımızı etkileyen paradigmalarımızın esaretinde dinliyoruz...

Çünkü dinlerken kafamızda anlatanı kendi algı filtrelerimize göre yargılıyor ve sınıflandırıyoruz...

Evet dostlar...

Maalesef sesleri işitiyoruz ve fazlasını yapmıyoruz. Bizlerin söylenene verdiğimiz cevaplarımız ise dağa seslenen insana geri dönen yankı kadar bile güçlü değil. Çünkü kişiyi kişiye yansıtmak çok zor, hele üstüne bir şeyler koymak daha da zor, hele hele koçluk etmek çok çok daha zor ve en zoru başkasında onun hayatını pozitif etkileyecek değişimleri sağlayacak etkileşimi yaratmak.

İşittiğimiz sesleri, fazlasını yaparak anlamaya gayret etsek ve bize bu sözleri söyleyene yankıdan fazlasını versek güzel olmaz mı?

Mevlâna'nın dediği gibi "**sen ne kadar söylersen söyle, söylediğin karşındakinin anladığı kadardır**" elbet. Her insan bir alem, yedi milyar insan yedi milyar farklı bakış açısı demek.

Bana göre DİNLEME' nin seviyelerinden bahsedelim o zaman...

1. SADECE İŞİTMEK – karşınızdaki konuşurken onu işitmek ama dikkat etmemek, kulak vermemektir. Ses vardır ama algılama eylemi yoktur. Dinlemek konuşmayı tamamlayan bir beceri olduğuna göre dinlenmeyen konuşmayı yapmaya gerek yoktur. Sadece sesin olduğu et-

kileşim, etkileşim olamaz. Günümüzün hız, haz, tüketim sarmalında kevgire dönen zihinler birkaç saniyeden uzun bir şeye odaklanamadıkları için pür dikkat dinleme becerileri de yitirilmeye başlandı. 2013 araştırmasına göre ortalama insan dikkati (attention span) 8,25 saniye. Çok ama çok kısa değil mi? Akıllar başka yerlerde gezinirken bedenler yan yana duruyor ama paylaşım yok.

2. DİNLİYOR GİBİ YAPMAK – Dinlemiyor olmamak için dinleme halinde olmak ama dinlememektir. Çoğu zaman boş konuşan ya da sadece kendileri konuşarak diğerlerinin konuşmasına izin vermeyen insanların karşılaştığı bir kaderdir bu tür bir işitmeye maruz kalmak. Bazıları da ilgisiz oldukları veya dinlemek istemedikleri ama kıramadıkları insanlara karşı da sadece işitme moduna geçip ilk arada sohbeti keserler.

3. SEÇİCİ DİNLEME – sadece sana uyan şeyi dinlemek ve işine geleni almak. Koşullu dinlemek. Karşıt görüşlere ve bakış açılarına değer vermeyi bırakın onları hiç dinlememek.

- DİKKAT KESİLMEK – işitilen şey dikkatinizi çekmiştir çünkü sizin için önemlidir. Merak uyanmıştır ve merak uyandıktan sonra dinleme eylemi başlar.

- KOŞULLU DİNLEMEK – sadece ilgini çeken şeyi dinlemek, çekmeyeni dinlememek. Kısa kısa zihin konuşulanlara odaklanır ama aslında bütünü kaçırır. Modern iş hayatında artık laptoplarla toplantıya girmek ve ekranda iş yaparken toplantıya katılmak moda oldu. İnsanlar iş ve yaşam dengelerini zar zor kurabilmek için bu tür bir toplantı kültürüne izin veren şirketlerde bunu çok yapıyor. Hatta bunu yapmak insanları ok yoğun gibi gösterdiği için de birçok insan bunu bilhassa yapıyor. Ya da toplantıdan iş yapmaya zaman bırakmayan kurum kültürlerinde sadece bedenen orada olup görüntü yapmak için bu tür bir dinleme ve çalışma haline giriliyor. Ancak insan zihni aynı anda tek şeye odaklanabildiği için hiçbir zaman o toplantıya odaklanmıyor.

- ELEŞTİREL DİNLEMEK – pür dikkat kesilmek ancak karşıdakinin açığını bulmak için dinlemek. Haklı olmak için dinlemek.

4. AYNALAMAK – karşınızdakinin ne söylediğini iyice dinlemek ve farklı bir yorum katmadan söyleneni benzer biçimde aynalamaktır. Konuşan kişiyi ilk etapta bu anlaşıldığını hissettirerek rahatlatsa da bir süre sonra otomatik ve robotik bir iletişime geçildiğinden bu tür dinleme doğru değildir. Vites değiştirme sanatı olarak etkin dinlemenin bir aracı olarak kullanılabilir.

5. ETKİN DİNLEMEK – karşınızdakinin lafını kesmeden, onun anlatmasını ve söylediğini bitirmesine izin vererek, anlatılanı olduğu gibi alarak için açık bir zihin ile beklentisiz, yargısız dinlemek, söyleneni daha iyi anlamak için sorular sormak ve konuyu hem anlatan hem de dinleyen için açıklığa kavuşturmak ve izin alarak duygusal kredi hesabınıza göre yorum yapmak, katkı sağlamaktır. Dinleyici anlatanın sadece sözlerini değil, ses ve beden gibi iletişiminin diğer unsurlarını da okur. Ve anlatan kişi bu sohbette sonuç olmasa bile anlaşıldığını anlar.

6. KALBİNLE DİNLEMEK – etkin dinleyen her insan bence kalbiyle dinlemez. Zira insanın duygularını hayata geçirmesi ve ifade etmesinin aracı olan kelimeler maalesef tüm duygu ve düşüncelerimizi birebir ifade etmeye yetmez. Ve akıl kelimelere dökme becerimizden dört kat hızlı düşünür. Ve bazı insanlar kendilerini iyi ifade ederken diğerleriyse iletişimde bu kadar iyi olmayabilir. Kişinin içinde bulunduğu zorlu koşullar onu doğru kelimeleri seçmekten alıkoyabilir. Moral ve motivasyonu onu dibe çekiyor olabilir. Bu yüzden de her zaman kelimeler, ses ve beden dili yetmez. Zira 21. yüzyıl

filozofları bu konuda çok fazla şey yazıp çizmektedir. Maddenin ötesine bakabilen, satır aralarını okuyabilen, konuşanın söz-ses-beden dilinden oluşan madde perdesinin arkasındaki manayı görebilen kişiler bazen tek bir cümle ile insanın hayatını değiştirebilir.

7. HAYAT KİTABINI OKUMAK – İnsan, koşullar, olaylar hepsi hayatın bir parçası. Yaşam tiyatrosunun birer dekoru ve oyuncularıyız biz. Ve bu oynanan oyunun adı da **"tekâmül tiyatrosu."** Bu oyunda **Allah, Tanrı, Yehova, Atum, Ra, Aton, Amon, Tengri, Brahma** ne derseniz deyin o Ulu Yaradan bizi bize başka insanlar, olaylar ve koşullar ile anlatır. Anlatır ki bizler dinleyelim, anlayalım ve görelim. Eksiklerimizi ve neyle sınandığımızı görelim ki değişim için karar alalım ve **niyet, gayret, kısmet** ile değişimin sonsuz basamaklı merdivenini tırmanmaya başlayalım. Mesajlar her yerdedir ve yeter ki okuyalım. Bazen bir gevrekçi çocuktur, bazen TV'deki bir reklamda söylenen bir söz. Bazen de acı ve kederli olaylardır. Ancak mesaj hep oradadır. Yardım her vardır. Hayat bize mesajını ya bir rol model ile ilham vererek ya da acılarla etkileyerek verir. Allah hep güzelliklerle öğrenmeyi nasip etsin inşallah.

İşte bu yüzden dinleyelim sevgili dostlar. Dinlemek bu yüzden bir sanattır ve hatta zanaattır. Dinlemek tekâmül için şarttır. Dinlemek güzellik ile öğrenmek için lazım.

---

*Sen ne kadar söylersen söyle, söylediğin karşındakinin anladığı kadardır.* – **Hz. Mevlana**

---

# MESNEVİ NEDEN BİŞNEV İLE BAŞLAR?

"BİŞNEV" ile başlıyor Mesnevi. Bişnev ise Farsça'da DİN-LE demek. Haydi DİNLE ile batıni anlamda ne demek istenmiş onu birlikte arayalım. Kur'an-ı Kerim "OKU" emri (İKRA) ile Hz. Muhammed'e inmiş. Hem de okuma yazmanın ne denli az olduğu bir dönemde. Mevlâna ise BİŞNEV yani DİNLE ile başlamış Mesnevisine. **Cehalet maalesef tüm sapkınlık, yobazlık, taassubun başı.** Bu yüzden insanın kendi cehaletinden kurtulması için okuyarak araştırıp öğrenmesi şart. İnsan okumadan öğrenemiyor, öğrenmeden ise bilemiyor, bilmeden ise yapamıyor. Ve ancak yapan insan, olmak makamına varabiliyor. Okumaktan olmaya, üstat olmaya giden yolu anlamak çok önemli. Zira olmak demek nefes alır verir gibi yapmak demek.

Ancak okumak da yetmiyor ki dostlar.

Çünkü hayat sadece insana kutsal kitaplardan veyahut yazılı kitap ve diğer görsel materyallerden konuşmuyor. Öğrenme sadece okuyarak olmuyor. Zira insan her yazılanı okusa ve anlasa, herkes arif olurdu. Bilgi bilgelik demek değil ancak bilgi olmadan bilgeliğe de uzanmak mümkün değil. Okuma yazma oranının eski yüzyıllara göre çok yüksek olduğu, internet ile bilginin şimşek hızı ile dört bir yana yayıldığı çağımızda bile insanlar hala mana kanadı kırık olarak yaşıyorlar. Bu yüzden okuduğumuzu bile bize verilen en büyük hazineler olan aklımız ile tartıp, sezgilerimizle ve kalbimizle dengeleyerek dinlemek lazım.

Maddeden manaya geçiş önce kulak kesilip dinleyerek ve sonra gönülle dinleyerek oluyor.

M.Ö. 6. yy'da yaşamış büyük inisiye **Pisagor'un Kroton Okulu**'nda okula giren çıraklar ilk 5 sene sessizlik içinde yaşarlar, sadece gözlemlermiş. "Önce karnına, sonra şehvetine, uykuna, ihtiraslarına ve öfkene **hâkim ol**" diyordu Pisagor **Altın Mısralar**'ında.

Pisagor'dan sonra gelen tüm inisiyatik okullarda da benzer bir çıraklık eğitim yöntemi hâkim olmuştur. Sufi tarikatları de bu tür sessizliğin ön planda olduğu **sessiz hizmet** ile öğrenmenin ve nefse hakimiyetin şekillenerek muhabbete (**muhabbetullah**) geçildiği bir inisiyatik kapılar yöntemini kullandı. Nefsle mücadelenin ilk adımı olan riyazat "**az uyu, az ye, az konuş**"

> *Önce karnına, sonra şehvetine, uykuna, ihtiraslarına ve öfkene hâkim ol. - Pisagor*

düsturuna dayanıyordu. Çünkü insanın kabını doldurması için önce boşaltması şarttı. **Dinlemek, gözlem ve tefekkür** ise kabı dolduruyordu.

Biraz da İslam felsefesi açısından bakarsak tüm İslam kitaplarının besmele ile başladığını görürüz. Kur'ân-ı Kerim ve diğer bütün Semâvi kitaplar da öyle başlar. Çünkü denir ki, "*kâinat Kur'an'dadır, Kur'an Fatiha'dadır, Fatiha besmelededir, besmele "b"de, "b" ise noktadadır.*" Bu "**nokta ilmi**"dir. Her şeyin tam ve bütün olduğu o "**mutlak varlık**", teklik halidir. Bu yüzden sembolik olarak Kur'an-I Kerim'de tüm ayetler "b" harfi ile başlıyor.

Özetle Mesnevi "DİNLE" yani "BİŞNEV" derken kalbinin sesini dinle diyor. Aklın ile oku ve anla ama kalbin ile dinle ve gör diyor. Gördüğünün ardındakini okumak için kalbinle dinle diyor. Dinle ki maddeden manaya geç. Akıldan kalbe geç. Dinle ki bu illüzyon perdeleri ile sarmalanan hakikati irdeleyebilesin diyor.

Kişi ne zaman herkeste ve her şeyde Hakk'ı görür, gönlüyle idrak eder ise, işte o zaman kendi nirvanasını yapar.

# ŞEB-İ ARUZ VE ÖLMEDEN ÖNCE ÖLMEK

*"Kaldır kendini aradan, ortaya çıksın yaradan"*
**Erzurumlu İbrahim Hakkı**

17 Aralık Hz. Mevlana'nın Sevgilisi'ne ilahi aşka kendini bırakarak göçtüğü gün. Bir tevhid sultanı, bir gönül eri, gönüller sultanı olan Hz. Mevlâna ölümü bile aşk-ı ilahi ile vuslat olarak görmüş. Bu yüzden de Yüce Yaradan'a, Allah'a kavuşması Sevgilisi'ne Kavuşma anlamına gelen Şeb-i Arus olarak anılıyor.

"Ölümümüzden sonra mezarımızı yerde aramayınız! Bizim mezarımız **ariflerin** gönüllerindedir" diyor Mevlâna.

Şeb-i Arus ölümün ağıt yakılarak üzüntüyle karşılandığı bir gün değil, tam da tersine Mevlâna'nın hakkın rahmetine, sevgilisine, kavuştuğu için bir **"kavuşma günü"** olarak adlandırılıyor.

Bu anlamlı günün anlamı ışığında velilerin bahsettikleri "ölmeden önce ölmek" yani **"fenafillah"** kavramı üstünde durmak istiyorum.

Zira bu dünyadaki fiziksel ölümünden önce psiko-sosyal açıdan kendi **küllerinden yeniden doğabilen** veyahut başka bir tanımla kendi kişilik yazılımını hack edip kendinden yepyeni ama daha ileride bir insan doğurabilen insan, fiziksel ölümü gelip geçici olan dünya hayatı ve onun getirdiği maddi bağlılıklardan emekli olmak, dünya okulundaki sınavından başarıyla mezun olup Hakk'a kavuşmak olarak görür. Aynı Hz. Mevlâna'nın yaptığı gibi. Allah hepimize nasip etsin inşallah.

"Ölmeden önce ölmek" sanırım birçok insana ilk okuyuşta çok garip ve hatta anlamsız gelebilir. Ancak sözlerin daha derinlerdeki anlamını kavradıkça değişik ve zengin bir bakış açısını görürüz.

Öncelikle söylemek istiyorum ki bu negatif ve kötü bir deyim değildir. Tasavvuf'ta *"ten kafesinden kurtulmak"*, *"vahdet-i vücut"*, *"hakka ermek"*, *"teklikte erimek"* şeklinde de anlatılan "kâmil insan olma" yolunda ilerleyen kişinin "**fenafillah**" olarak adlandırılan ölmeden önce ölmesinden bahsedilir. Bu bedende yaşarken, **fiziksel değil zihinsel olarak bir değişim** geçiren insanı için kullanılır. Uyuyarak kendini ve çevresini bilmeden yaşayan bir insandan, **uyanmış ve tam farkındalıkla ve hakikat bilgisiyle yaşamaya başlayan bir insanı** temsil eder. Gurdjieff'in öğrencisi olan ve Sufizm'den etkilenmiş olan Osho da yakın zaman önce bu konuda bir kitap yazdı.

Günlük yaşamın koşturmacasında günü kurtarmaya çalışan insan, ölümü ve ölümle birlikte dünya yaşamındaki faniliğini ancak bir yakını, arkadaşı, tanıdığı bu dünyadan göç ettiği zaman cenaze namazı kılarken düşünür. O an kendi iç hesaplaşmasını yapar. Cenazenin mezarlıkta toprağa verilmesi ile birlikte yakılan ağıtlar, söylenen dini sözler ve edilen dualar eşliğinde, her küreğin mezara attığı biraz daha fazla toprağın kalıcı olarak uğurladığı kefen içindeki beden ile bu düşünceler ve getirdiği ruhani duygular en üst noktaya ulaşır. Kişi kendisinin, hayatın, sahip olduğu mal, mülk, makam, ilişkiler vs. her şeyin geçici olduğunu ve yaşamında herhangi bir anda Azrail'in gelişiyle bu geçici olarak sahip olmasına izin verilen şeylerden mahrum kalacağını tüm hücreleriyle ve bilinciyle anlar, Allah'a dua eder, sığınır.

O gün sonunda çekilen güzel bir uyku ile de bir diğer cenaze namazına veya bir vefat haberi alınana dek birçok insan bir daha yukarıdaki paragrafta betimlenen o cenaze töreni sırasında yaşanan his, duygular ve iç hesaplaşmaları bir daha yaşamadan normal hayatının akışındaki seyrine dalar gider. Bir nevi Matrix'in dibinde yaşamaya ve sahip olduğunu sandığı geçici oyuncaklarıyla oynar durur. Geçici şeylerle mutlu olduğunu sanır ama hiç de olmaz.

Ancak çok az kişiye nasip olan bir hal olan "ölmeden önce ölmek" hali ise uyanmış ve farkındalıkla yaşamanı bilinçlice sürdüren az sayıda insana verilmiş bir fırsattır. **Bu insan kim olduğunu ve hayat amacını bilir, buna göre** yaşar. İçinde yaşadığı çevre ve evrensel düzeni anlar, onunla uyum ve denge içinde yaşar.

Rüzgârın önünde bilinçsizce yuvarlanıp giden yaprak değildir. Böyle bir insan elinde her zaman AYNA ile yürüyen bir kişidir.

Sadece cenaze vb. gibi özel anlarda değil, nefes aldığı her an hayattan, kendisi ve çevresindekilerin başına gelen iyi ve kötü olaylardan ve eylemlerinin sonuçlarından ders çıkaran bir insandır. Sadece özel zamanlarda kendine AYNA tutmaz, nefes aldığı her an kendisine AYNA tutar.

Tuttuğu ayna ona her zaman istediğini değil, gerçeği %100 doğru ve tüm açıklığıyla gösterir ve bu AYNA'daki kendi yansımasıyla her an yüzleşebilen bir insandır.

Hatta bu yüzleşmenin de ötesinde o yüzleşmeden aksiyon çıkarıp bunu hayatında uygulamış ve kendini tüm bağımlılık, korku, endişe, kaygı, tutku, hırslar, olumsuz duygular, cehalet, batıl inanç, saplantılar, dogmalar, bağnazlık, önyargılar, yıkıcı duygular ve düşünceler ve maskelerden kurtarmış bir insandır.

Yani doğduğu andan itibaren yazılmaya başlayan ve 0-7 yaş arasında büyük kısmı şekillenen **kişilik yazılımını kırmış** ve

yeniden kâmil insan özellikleriyle yazmış olan bir insandır. **Henüz kemale varmamıştır ama bunun için gerekli bilgelikle kendini donatmış ve her bir hikmetini geliştirmektedir.** Böyle bir kişi bilgedir ve **kendi bedeninde YENİDEN DOĞMUŞtur.** O artık Kaf Dağı'ndaki Anka Kuşu'dur.

Bu doğum fiziksel bir doğum değil, zihinsel bir doğumdur. **Başı gökte, ayakları yerdedir**, yani hem ruhani bir hayat yaşar ve evrensel yasalarla ve Allah'ın buyrukları ile uyumludur, hem de bir münzevi gibi mağaraya tefekkür için çekilmeyip gündelik yaşamın içinde cesaretle yürümekte ve "gezen kurt aç kalmaz" misali hareket halinde **her bir şeyden öğrenmektedir.** Her şeyi bir deneyim olarak görüp hayatı bir öğrenme fırsatı verilen evrensel bir tiyatro olarak görür. **Yaşam muhasebesini sadece yaşamının her karesinin gözlerinin önünden aktığı o ölüm anında değil, her gün yapan bir insandır o.** Feyz alır ve ışık olur çevresine.

**Bu kişi için dünya bir misafirhane, beden ise bir emanettir.** 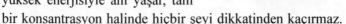 Herhangi bir anda ölüm ile kucaklaşabileceğini ve ondan kaçış olmadığını bilerek yaşar ama ölecek diye de endişe ederek kendisini yaşama kapatmaz.

**Denge halindedir. Hareketlerinde ölçülüdür.** Tüm coşkusu ve yüksek enerjisiyle anı yaşar, tam bir konsantrasyon halinde hiçbir şeyi dikkatinden kaçırmaz.

Olumlu ve olumsuz **her şeye minnet** eder, "eyvallah" der. Çevresindeki canlı ve cansız her şeyin kendisinin de geldiği kaynaktan olduğunu bilerek, **Yaradan'dan ötürü onları sever.**

**Zıtlıkların birliğini içinde bütünlemiştir ve her şeyi O'nun farklı tezahürleri ve çokluktaki teklik olarak görür. Her şeye koşulsuz bir kabul, takdir, minnet, sevgi ve şefkat ile bakar.**

Hint felsefesinde Samadhi ile anlatıldığı gibi artık **"gözleyen değil gözlenen"** olmuştur. Bir **tanıklık hali** ile akar ve hiçbir şeyin dengesini bozmasına izin vermez. Miyamoto Musashi'nin bahsettiği **sarsılmaz bir irade ve dinginliğe** sahiptir o.

Çevresindeki canlı ve cansız **her şeyi ilahi bir sevgi ile takdir eder. Zıtlıklar arasında gidip gelmez ve bilgeliğinden ötürü dengede kalır. Ne övgüden ne de sövgüden etkilenir.** Ancak yeri geldiğinde de **"mış gibi" yapması** ve rolünü oynayarak duruma müdahale etmesi gerekiyorsa da bunu yapar ve rolünü oynarken rolüyle özdeşleşmeden ve rolünden etkilenmeden bunu yapar.

Özetle kendini bilen ve farkındalıkla bilinçli bir yaşam süren, ahenk ve denge içinde kendi içsel ve evrensel dinamiklerle uyumlu bir yaşam süren bir insanı temsil eder bu söz. "Ölmeden evvel ölenler, nefsî arzularını hayatta iken terk etmeyi başarıp, Allah›ın küllî iradesine tabi olurlar". Ölmeden önce ölenler kişilik yazılımlarını kırmış, **doğum anındaki saf ve bütün "ÖZ"leriyle bir olmuştur. Kişiliklerinin sahte maskeleri yoktur ve ego kilidini kırmışlardır.** Kişiyi korumak için orada olan ve o ana kadar kişiye köle gibi hükmeden ego artık bu kişinin müttefiki olmuştur. Ego artık cüzi iradenin değil, külli iradenin hizmetindedir. **Bu kişi miracını bu dünyadayken yapmıştır.**

Bunu herkes yapabilir. Unutmayın, bir kişi yaptıysa herkes yapabilir. Bu noktada ise Hz. Mevlâna bizlere sekiz asır öncelerinden büyük bir ışık tutarak yol göstermiş. Yolumuzu aydınlatmış. Yeter ki yolda yürümek isteyelim ve gayret ile ilerleyelim.

Yaşamınızda her an sağlık, mutluluk, huzur dolu yaşayalım, sevgi ve barış içinde olalım, ahenk ve denge ile davranalım.

# - 3 -

# TASAVVUF YAZILARIM

# KALDIR KENDİNİ ARADAN, ÇIKSIN ORTAYA YARADAN (1)

*"Tüm canlıların gecesi nefse sahip olanın gündüzüdür. Bütün canlıların uyanık oldukları zaman içe dönmüş bilgenin gecesidir."*
**Bhagavad Gita**

Bu söz hayatımda duyduğum bana göre en muhteşem sözlerden biridir. Bir şey bu kadar mı net ve açık anlatılır, ama bir o kadar da anlaşılması zaman alır. Bu ne tür bir ironidir ne tür bir örtülü anlatımdır?

İnsanoğlunun Neandertal'den Cro-Magnon adamına geçişiyle birlikte daha zeki bir varlık ortaya çıktı ve o andan itibaren **"ben kimim?", "neyim?", "neden buradayım?", "bu doğa olayları nedir?", "onları kim yaratır?", "bu dünyayı ve evreni kim yarattı?", "ona nasıl ulaşabilirim?", "onu nasıl memnun eder de kızdırmam?"** gibi birçok sormaya başladı. İnsanoğlunun en büyük güçlerinden ikisi merak ve hayal gücüdür ve o andan itibaren bu iki unsur zeki insanı düşüncelere daldırdı, yeni maceralara sürükledi. Kendini ve evreni arayış macerası böylece başladı.

İnsan bir ayağı maddesel dünyada, diğer ayağı mana aleminde olan bir varlık olması sebebiyle her iki şapka ile de düşünür durur; bu ilahi hediye ise inanç sistemlerini doğurdu. Zira insan kendinden büyük bir şeyleri arıyordu. Binlerce yıldır birçok inanç sistemi gelişmiş, birçok Peygamber ortaya çıkıp insanoğluna bu hayat okulunda doğru insan olmak, günahsız olmak adına çeşitli yollar göstermişlerdir. Her bir yol zamanına ve geldiği ortama göre şekillenmiş. Tek bir yol doğru diye bir şey de yoktur zira çokluktaki tekliğin var olduğu bu evrende, her şey O'nun İlahi biz yansımasıdır. Okyanustaki damlalar TEK ve BÜTÜN olanın parçalarıdır, ama birbirlerinden de habersizdirler, hayat amaçları gereği.

Doğru insan olmak Hint Felsefesinde **küçük kurtuluş** olarak geçer. **Nirvana veya kâmil insan olmak büyük kurtuluştur** ve öğretiye göre artık kişi dünya okulundaki sınavını bitirmiştir. Küçük kurtuluş ise kişinin doğru ve günahsız, faydalı hayat sürmesidir. Bu bile insanın **sürü insanı** olmasından kurtulması için önemli bir adımdır. Ancak tekâmül basamaklarını tırnaklarıyla ve ödenmesi gereken bedelleri ödeyerek tırmanan insan bir süre sonra geldiği o bütünlüğe, tekliğe geri dönme arzusuyla yanar, tutuşur. Geldiği kaynağa geri dönebilmek ister. **Beşerî mutluluk ve dünyevi aşk ile İlahi mutluluk ve aşk arasındaki farkı anlar**, sonra yaşar ve bir üst bilinç seviyesine doğru kayar.

Bu noktada artık felsefe yetmez, mistisizm devreye girer. Bu aşamada artık inanç sistemlerinin şekilsel kısmının ötesine geçmek gerekir. İşte o an artık **4 Kapı 40 Makam**'da Şeriattan Tarikata geçildiği noktadır. İşte o an egzoterik bakıştan, ezoterik bakışa geçildiği noktadır. O an işte akıl ile yapılan arayışa sezgilerin de refakat ettiği noktadır. O an kalp gözüyle görme yoluna girme adımıdır. Tasavvuf, Kabala, Advaita Vedanta, Mahayana Budizm ve diğer tüm batıni sistemler bu ihtiyacı karşılayıp, görülenin görünmeyenden nasıl ve niçin tezahür ettiğini insanın araması ve bulmasına yardım etmek için farklı yollardır. Yine görüyoruz ki Mutlak ve Bir olanın düzeninde doğru TEKTİR ve BİRDİR, ancak beşerî varlıklar için onu bulmanın farklı ve çeşitli yolları vardır. Bu da çokluktaki tekliğin getirdiği bir çeşitlilik zenginliğidir. Bu zenginlik sayesinde tekâmül çeşitliliği mümkün olabilir.

Şimdi gelelim başlıktaki sözümüze...

"KALDIR KENDİNİ ARADAN, ÇIKSIN ORTAYA YARADAN" Yaradan denince çoğu zaman Antik Yunan Mitolojisini anlatan Hollywood filmlerinde tasvir edildiği gibi bir dağın tepesinde oturan Baş Tanrı ve O'nun panteonu gibi göklerde bulunan bir Varlık anlaşılır. Tüm tarih boyunca insanoğlu gökyüzünün ulaşılamazlığı sebebiyle Tanrı'yı gökyüzüne konumlandırmıştır. İskandinav Mitolojisinde Asgard gökyüzünde ayrı bir alemde bir mekandır. Hz. İbrahim oğlunu kurban etmesin diye ona hediye edilen kurbanlık gökyüzünden inmiştir. Tevrat, Elohimlerin gökyüzünden indiklerini inanılmaz detaylı ve şaşırtıcı tasvirlerle anlatır. Ama önemli olan O'nun biz beşerî varlıklar için ulaşılmazdır olmasıdır ve algıya göre yeri ancak yukarıda olabilir, gökyüzünde. Bu algı dünya genelinde yerleşmiştir. Yukarıda olması bizden üstün olduğunun bir göstergesidir beşerî insana göre.

Bu yüzden insanoğlu her O'na ulaşma çabalarında gökyüzüne bakar. Ancak batıni doktrinler her zaman O'nun içimizde aranarak bulunabileceğini söyler. **V.I.T.R.I.O.L.** ile anlatılmak istenen budur. **Felsefe Taşı**'nın aramanın simyada anlamı budur. Bu arayış bir yoldur ve yolun sonunda ulaşmak, varmak vardır.

V.I.T.R.I.O.L. bir simya terimidir. Latince **"Visita Interiora Terræ Rectificando Invenies Occultum Lapidem"** sözcüklerinin oluşturduğu cümledeki sözcüklerin baş harflerinin birleştirilmesiyle oluşturulmuş sembolik bir ifadedir. Türkçe anlamı ise şöyledir; **"Dünyanın derinliklerini (içini) ziyaret et, damıtırken (arıtırken) gizli taşı (taşını) bulacaksın."** Maalesef kadim zamanlardan beri simyacıların sırlarının peşinden koşanlar bunun zahiri anlamına takılarak değersiz ve adi metalleri altına dönüştürme peşine düşmüşlerdir. Ancak batıni anlamı insanın kendi içine bir yolculuk yaparak kendine emanet edilen Tanrı parçacığını bulması vasıtasıyla geldiği kaynak ile bütünleşmesidir. Tanrı parçası, insanın ruhundan başkası değildir. Aranan şey insanın özüdür, üst benliğidir.

Özetle şu ana kadar birkaç algı filtresinden bahsettik...

- Bir arayış ve arayış sonucunda aranılana ulaşmak kavramı
- Ulaşılmak istenen Bütünlük'ün yukarıda olduğu algısı "KALDIR KENDİNİ ARADAN, ÇIKSIN ORTAYA YARADAN" sözünün bence güzelliği şurada.
- Kendini bil, kendi içine bak, O'nu orada bulacaksın.

- O her zaman oradaydı. Ancak dünya yaşamına doğan ruhun önce beden ile sarmalanması, sonra mizaç, genetik unsurlar ve kişilik üçlemesi ile madde alemine bağlanmasından dolayı, bizler mana alemindeki bütünlük ve gücümüzü doğum sonrası dönemde unuturuz. Yani geldiğimiz kaynaktan koparız. Gerçi bir kopma yok ilahi anlamda ancak beşer kendisini kopuk, ayrı ve gayrı hisseder hakikati bilmediği için.

- İnsanın içindeki o muhteşemliği ortaya çıkarması için kendi maskelerini, kişilik örüntülerini, pas ve kirlerini, hırslarını, yıkıcı duygularını vs. kaldırması gereklidir ki, içindeki ışık engel tanımadan ortaya çıkıp ışıl ışıl parıldasın ve her yöne yayılsın.

Yani içimizdeki O'ndan gelen İlahi ışığı ortaya çıkarmak için kendimize **AYNA** tutmalı, eksiklerimizle yüzleşmeli, bağımlılıklarımızla yüzleşmeli ve onları yenmeliyiz.

"Kaldır kendini aradan" demek kendi kişiliğini öldür demek değildir. Kişiliğini paspas et demek hiç değildir. Her ne kadar bu süreç Tasavvuf'ta **"fenafillah"** veya "ölmeden önce ölmek" olarak tanımlansa da bu süreç kişinin **kendi küllerinden Anka Kuşu gibi yeniden doğmasıdır.** İnsanın **egosunu müttefiki yapmasıdır.**

Bunu yapabilen insan artık hayata ve çevresine farklı gözlerle bakar. Acı ve ıstıraptan kurtulur, Polyanna gibi saf değil ama bilinçlice bir mutluluk hali yaşar her an. Buda'nın **Dhammapada**'da bahsettiği acıdan kurtulmak için **"Sekiz Asil Yol"** bunu anlatır. Nefsin Mertebelerinin 4ncü aşaması **Nefsi Mutmaine** ıstıraptan kurtuluşu tanımlar. Bu noktadan sonra da kişi **sefaya da belaya da eyvallah** der. Övgüden ve sövgüden etkilenmez. Dualist dünyada yaşar, ama her şeye teklik açısından bakar ve yaşar. İşte artık bu noktadan sonra içindeki ışığın parıldamasını ve çevresini aydınlatmasına engel olacak hiçbir pası ve kiri kalmaz. O artık bir ham taş değil, ışıl ışıl parıldayan bir cilalı taştır. Berrak bir sudur.

Bunu yapmak için önce cehaletten uyanmak ve sonra doğru olanı yapmak için ilke bazlı yaşamak ve ötesini bulmak için de aramak lazımdır.

# KALDIR KENDİNİ ARADAN,
# ÇIKSIN ORTAYA YARADAN (2)

*"Aşağısı yukarısı gibidir, yukarısı aşağısı gibidir"*
**Hermes Trismegistus**

"Kaldır kendini aradan, çıksın ortaya Yaradan" sözü beni uzun zamandır derinden etkiler ve sıkça tekrarlarım. Ne kadar şanslıyız ki Tasavvuf gibi bir ilmin hakkıyla ve derinden işlendiği Anadolu topraklarında yaşıyor ve bu gibi güzel anlatımlarla manayı idrak edebiliyoruz. Zira bu Tasavvuf ile yorulan topraklar sayesinde, ülkemiz laiklik ve hoşgörü üstüne bir Cumhuriyet kurmuştur.

Bu söz şunu söyler. Tanrı'yı dışarıda bir yerde arama. O senin içindedir. Kendi içinde bak onu bulacaksın. Bu Simya' da V.I.T.R.I.O.L. kelimesi ile sembolize edilir ve Latince **"visita interiore terrae rectificando invenies occultum lapidem"** anlamına gelir. Yani **"kendi içine bak felsefe taşını bulacaksın"**. Bir nevi **"kendini bilen Rabbini bilir"** sözüdür bu. Zira herkesin içinde Evren dürülüdür.

Bu söz bana psikolojide Romalıların tiyatrolarından gelen ve **"persona"**lar olarak adlandırılan kişilik maskelerimizi hatırlatır. İnsanın doğumdan uyanışına dek seyrine kısaca bir bakalım...

"Her insan hayatta en az bir kere başarılı olmuştur" derler ya; işte o muhteşem **doğum mucizesi**yle her insan bir **genetik miras ve mizaç** ile doğar. Her ikisi de o insanın **kader**ini dünyada yaşaması için ona verilir. Bu mizaç bir insanın davranışlarının altında yatan kalıpların üçte birini oluşturur.

Bebek bir aile, çevre, kültür ve ülke içine doğmuştur ve başta çekirdek ailesi olmak üzere artık çevresel koşullar onu şekillendirmeye ve yoğurmaya başlar. İyi-kötü, acı-tatlı, mutlu-mutsuz derken zıtlıkların dansına tabi **tecrübeler** yaşar. Zıtlıklar ile yoğrulur.

Çocuk deneme yanılma metodunu kullanarak, yaşadıklarından, hissettiklerinden ve gördüklerinden anlam çıkararak bazı çocukluk kararları alır. Bunlar çocuğun hayata ve olaylara yüklediği anlamlardır. Anlam her şeydir. Artık algı filtreleri şekillenmeye başlar.

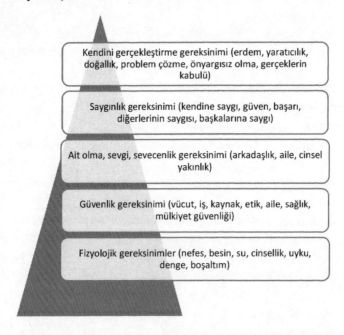

**Maslow'un İhtiyaçlar Hiyerarşisi** beş basamaklı piramidin en alt basamağına temel ve fizyolojik ihtiyaçları koyar. Bunlardan birisi de savunma içgüdüsüdür. Bu yüzden çocuk Gurdjieff'in **tamponlar** adını verdiği, psikoloji açısından **telafi mekanizmaları** geliştirir ki; bunlar çocuğun yaşadığı ve öğrendiklerini anlamlandırması sonucu hayatta başarılı olmak için bilinçaltında otomatik olarak kurguladığı beka stratejileridir. İşte bunlar kişilik maskeleridir, personalardır.

Artık çocuğun **paradigmaları, değerleri, inançları, öğrenme stilleri, problem çözme yöntemleri, çatışma yönetim tarzı, iletişim kurma tarzı, temel ihtiyaçlarını giderme tarzı,** hırslar ve arzuları, tutkuları, hayalleri, korkuları, endişeleri, şüpheleri, bağımlılıkları ve bağlılıkları, önyargıları, saplantıları ve takıntıları şekillenir. **Dogmaları ve taassupları** şekillenir. **Batıl inançları** oluşur. **Alışkanlıkları** katılaşmaya başlar. Sonra da karakteri şekillenir. Bu da onun hayata karşı tutumlarını belirler ki, bu tutumlar hayatta içinde bulunduğu koşullara, olaylara ve insanlara nasıl tepki verdiğini yani davranışlarını belirler.

İşte yukarıda bahsettiğim süreç ile yeni doğan bir bebek, doğum anından itibaren saflık ve bütünlüğünü kaybeder. Boş bir sayfa yani "**tabula rasa**" olarak doğan insan, bilinçsiz olarak yetişkin insanın sahip olmadığı bütünlüğe sahiptir. Zıtlık nedir bilmez, hatta teklik ya da vahdeti de bilmez. Sanki **Bekabillah** ya da **Nirvana** ya da **Satori** ya da **Adam Kadmon** ile farklı felsefelerin anlatmaya çalıştığı gibi yetişkin insanın ulaşmaya çalıştığı o **hiçlik/yokluk makamına** zaten doğuştan sahiptir; ama bilmeden sahiptir.

Peki, o zaman neden madde dünyasına doğar? Çünkü bir sınavı, kaderi yaşamak için doğar. Allah'ın kendisinde tecelli eden güzelliğini yaşamak için doğar. Ve sonra yaş aldıkça yukarıda bahsettiğim zarlarla kaplanarak özünden uzaklaşır gider. Hatta özünü unutur. Eşsizliğini ve muhteşem potansiyelini unutur.

Bu yüzden koçlukta bahsedildiği gibi insanın kendi zarlarını bir bir soyarak kendi özünü bulması gerekir. Aynı Alice'in Tavşan Deliği'ne yaptığı yolculuk gibi kendi tavşan deliğine girip, cesareti, merakı, gayreti, azmi ve imanı kadar derine gider. Felsefe taşı öyle tuttuğunu altın yapan bir taş değildir. O içimizdeki hazinedir. O özümüze yolculuk sonucu elde edilen erdemler ve özgürlüktür.

İşte o yüzden kendi tavşan deliğine giren veya bir soğan gibi kendi zarlarını soyabilen insan, kendini bilir ve Rabbini bilir. İnsanın yapması gereken şey kendine AYNA tutmak ve her tuttuğunda gördüğü maskeler üstüne çalışıp onları kaldırmaktır. Her kalkan maske kişiyi öz potansiyeline daha da yaklaştırır.

Peki, bu öz nedir ve nereden gelir? Bu da bir sonraki yazı.

# KALDIR KENDİNİ ARADAN,
## ÇIKSIN ORTAYA YARADAN (3)

İnsan doğumdan sonra edindiği dünyevi maskelerini atmadan kendi özünü keşfedemiyor. **Paradigmaları, değerleri, inançları, öğrenme stilleri, problem çözme yöntemleri, çatışma yönetim tarzı, iletişim kurma tarzı, temel ihtiyaçlarını giderme tarzı, hırslar ve arzuları, tutkuları, hayalleri, korkuları, endişeleri, şüpheleri, bağımlılıkları ve bağlılıkları, önyargıları, saplantıları, takıntıları, dogmaları ve taassupları, batıl inançları** atmadıkça **doğuştan sahip olduğumuz ama sonra gölgelenen** o muhteşem ve eşsiz potansiyelimize, **ÖZ**'ümüze ulaşamayız.

Ancak burada ince bir nüans var ki bu yazımda onu anlatmak isterim...

Özüne ulaşan insan bir nevi soğanın cücüğüne ulaşmış demektir, ancak **bu Öz bizim değil**. Her yaratılan gibi bu da bize bir emanet. Tanrı suretinde yaratılan insanın kendi Öz'üne yaptığı **"Kahraman'ın Yolculuğu'**nda" en büyük risklerden birisi, kibirdir. Şirk veyahut eş koşma diyebileceğimiz şey büyük risktir. **Senin olmayana senin demek en büyük kibirdir.** İlahi aşkla yoğrulmak güzel olduğu kadar da yolda gizlenen kibir tuzağı ile yolcuyu sınar. Tekliğe giden yolda ilerleyen yolcu **"ben biliyorum", "bu benim" dediği anda olmamıştır ve yoldan geri düşebilir.** Bu yüzden asla ama asla o öze yaklaştıkça "bu öz benim, bana ait" diyemeyiz. Zaten yolda gerçekten ilerleyen kişi "ben" demez. Çünkü kendi varlığından yok olmadıkça özüne ulaşamaz, BEN'i geride bırakamaz.

Tasavvuf ile anlatmaya çalışırsak, **yaratılan her varlıkta Allah'ın isimlerinin bir veya birkaçı tecelli ediyor.** Bilinmekliğini isteyen Yüce Yaradan, bizlere bu isim ve güzellikleri vasıtasıyla ışığı gösterir. Özümüze yaklaştıkça ve dünyevi maskelerimizi kendini bilme çalışmaları ile yavaş yavaş attıkça, içimizdeki ışık ortaya çıkar.

**Nasıl ay, güneşten gelen ışığı yansıtıyorsa insan da onda tecelli eden Allah'ın isim ve güzelliklerini yansıtır.** Ancak dikkat edilmesi gereken nüans, güneş olmayınca ayın ışık vermeyeceği gibi, bizde parıldamaya başlayan ışığın bize ait olmadığı ve bizim bunu yansıtıyor aslında olmamızdır.

Nasıl mı? Cemalnur Sargut'un anlatımını kendi ifadelerimle birleştirerek anlatayım. Düşünün ki, bir lunaparkın değişik aynaları olan bölümündesiniz. Bir aynada insan şişman, diğerinde uzun, bir diğerinde komik görünebiliyor. Çünkü aynalar bozuk, bilhassa kusurlu. Her ayna bir insan ve her insana Allah'ın ışığı o aynada farklı isimlerle vuruyor. Birisinde merhamet, diğerinde cesaret, diğerinde tevazu vs. gibi Allah'ın isimleri farklı farklı tecelli ediyor. Yani Hinduların **"Swadharma"** ile anlattığı gibi, **herkesin bu alemde belli bir yeri ve amacı var.**

İnsanın aynası nefsinden dolayı bozuk ve kusurlu olduğu için İlahi erdemleri, İlahi güzellikleri içeren Allah'ın isimlerini eksik ve kusurlu yansıtıyor. Dikkat edelim, **aynaya vuran ışık değil, ışığın vurduğu ayna kusurludur.** Kusurludur, çünkü **insan bu kusurlarıyla tekâmül eder.**

Bu aynalar bölümünün sonunda ise bir ayna vardır ki, bu da

kâmil insanın aynasıdır. Bu ayna, aynı Mesnevi'de Çinliler ile Türkler arasında yapılan resim yarışmasında Çinlilerin duvara yaptığı o muhteşem güzellikteki resmi karşı odanın duvarını ayna haline getirerek yansıtan Sufilerin ilmi gibidir. Kâmil insanın aynası kusurlarından arınmış ve kendisine vuran İlahi ışığı, Allah'ın isimlerini olduğu gibi yansıtandır. Zira Allah velileri ve nebileri vasıtasıyla bize feyz verir.

Kendi Öz'ümüzü keşfettiğimiz zaman gelirse veyahut o yolda ciddi adımlar atıyorsak, o muhteşem potansiyelin bize ait olduğu yanılsamasına kapılmayalım. O potansiyele varmak da bir hak ediştir, size bahşedilen bir lütuftur. Verilen bir şey varsa Allah'ın rızasıyla olur. Ve sahip olduğumuz ya da daha doğrusu emanet aldığımız şey yansıttığımız İlahi güzelliklerdir.

# BİR MUM YAKMAK İÇİN ÖNCE YANMAN LAZIM

Büyük **gönül eri, hal erbabı** Mevlâna'nın günümüze gelen şu sözü çok anlamlı. **"Hamdım, piştim, yandım"**.

Güzel Anadolu'muzun Moğol istilalarıyla perişan olduğu bir dönemde yaşayan insanlar, o dönemde **Hacı Bektaşi Veli, Mevlâna Celaleddin-i Rumi, Yunus Emre, Taptuk Emre** gibi irfan sahiplerinden feyz aldılar, maddi acılarını manevi kazanımlarla fazlasıyla telafi ettiler.

Peki, bu irfan sahipleri nasıl oldu da birçok insanın ruhuna işlediler, akıllarına ilham verdiler, kalplerine ilahi aşk ışığını düşürdüler?

Cevap aslında basit; zira **hayatın gizleri her zaman sadelik ve yalınlıkta gizli**.

Bence cevap şu...

Onlar bildikleri şeyleri yazıp öğretmediler, onlar kendileri neyseler onu yazdılar. Her gün nefes alır verir gibi yaptıkları şeylerle, doğal halleriyle örnek olarak öğrettiler.

Bazıları vardır bilir, ama yapamaz... Onlar entelektüeldir, bilirler ama yapmakla ilgilenmezler. Teoridedirler.

Ama bazıları vardır eylem insanıdır. **Bilmekten yapmaya** geçmiştir. Onlar sözlerin ötesine geçmiştir.

Ama bazılar vardır ki; onlar hal insanıdır. Bilmekten eyleme geçmiş ve her durumda, her koşulda, herkes ile doğru olanı yapar, çevrelerine ışık saçarlar. Onlar işte **Allah'ın dostlarıdır**. Onlar sözlerin yetmediğini halleriyle anlatırlar. Onlara bakınca **bir bakış bin söze bedeldir**.

İşte bu hal insanlarıdır "yandım" diyebilecek olanlar. Eylem insanları pişmektedirler ve entelektüeller henüz hamdırlar, çünkü bildiklerini hayat okulunda test etmemişlerdir.

Evet dostlar!

İşte bu "yüzden hamdım, piştim, yandım" bu denli anlamlı bir söz.

Bu aslında kadim batıni öğretilerin yolunun kısa bir özeti. **Bilmek-yapmak-olmak.**

**Olmak, nefes alır verir gibi yapmaktır.** Ancak o zaman insan yanar. Ama bu öyle yanıp nar gibi kızarmak hatta kömür gibi olmak değil. Bu yanmak İlahi Aşk ile yanmaktır. Aşkta **Leyla'dan Mevla'**ya geçmektir.

Bir diğer mumu yakmak entelektüellerin de yapabileceği bir şeydir. Ancak kendi aynı yolda yürümemiş olan, o yoldan düşmüş ve coşmuş olmayan, yanmayan kime ne öğretebilir ki? Herkes kendi kaşığı kadar alır ve kendi kaşığından daha azını paylaşır. Bu yüzden mumları ancak akıl, hikmet, kuvvet ve güzellikle pişmiş ve yanmış olanlar yakar.

# İNSAN İKİ KERE DOĞAR

*"Gözünü açıyorsun doğdu diyorlar,*
*gözünü kapatıyorsun öldü diyorlar. Bu göz kırpışa ömür*
*diyorlar."*
*"Kitaplardan önce kendimizi okumaya çalışalım."*
**Hz. Mevlâna**

Hayat dediğin nedir ki, kısacık bir zaman dilimi. Doğum ile ölüm arasında geçen bir anlık saman alevi.

Etten ve kemikten oluşan insan, akıl, beden ve ruha da sahip bir varlık. Bu üçleme (trinite) insanı anlamanın başlangıcı.

Binlerce yıl önce yazılmış olan kadim Hint destanı "**Mahabharata**"nın bir parçası olan ve "**Tanrının Ezgisi**" anlamına gelen "**Bhagavad Gita**"da bahsedildiği gibi "**Bireysel BEN maddi beden arabasındaki sürücüdür**". Yani, başka bir deyişle beden ruhun kılıfıdır ya da arabası.

Herkes bu hayata anne karnında geçen o mucizevi doğum süreci ile doğar...

Doğar, çünkü her yaratılan varlık gibi bir görevi, bir amacı, bir sınavı, yaşaması gereken bir kaderi vardır...

Doğar, çünkü bir hayali gerçekleştirecektir...

Doğar, çünkü deneyimlemesi gereklidir.

Doğar, çünkü tekâmül bir gerekliliktir.

**Herkes doğar ve nefes alır, ancak çok az insan gerçekten yaşar.** Her doğana insan diyemeyiz.

Hz. Mevlâna çok güzel özetlemiş "**ne insanlar gördüm üstünde kıyafeti yok, ne kıyafetler gördüm içinde insan yok**".

Peki, zekâ ile donatılmış, düşünen bir insan olarak doğmak kişiyi neden insan yapmıyor?

Çünkü bize bahşedilen bu zekâ sadece Maslow'un İhtiyaçlar

Hiyerarşisi'ndeki ilk iki basamağın ihtiyaçlarını karşılamak için bize verilmedi. Her birikim, her kazanım bir sorumluluk. **Bilen bilmeyenden sorumlu**, oysa cehalet sorumluluk yok demek.

İnsan sahip olduğu zekâ ile kendi hayatının efendisi olmak, kendini bulmak ve sonra bilmek ve ışığı çevresinde yaymakla yükümlü. Kısaca her şey iyi bir **ahlak** ile başlıyor ve bunu **adalet** ve **edep** takip ediyor.

Tasavvuf'ta Allah'ın yeryüzündeki halifesi olarak geçen (Kur'anda 10 ayrı ayette insandan halife olarak bahsedilir) insan bu makama biyolojik olarak doğunca oturamıyor. Kendi kişilik maskelerini (**personalar**) birer birer bularak bunlardan kurtulan insan bir "**anka kuşu**" olarak yeniden doğmadıkça **hakiki insan** olamaz. Kendi varlığında yok olmadıkça "**halifetullah**" makamına oturamaz.

> *Ne insanlar gördüm üstünde kıyafeti yok, ne kıyafetler gördüm içinde insan yok.* Hz. Mevlana

Tasavvuf ehlinin "**fenafillah**" dediği şey insanın kendi küllerinden yeniden doğmasıdır. Tırtılın kelebeğe dönüşmesi sürecidir bu. Bu "ölmeden önce ölmek"tir ki, bu da insanın yaşarken kendi nefsini kurban etmesi, nefsini terbiye ederek dönüştürmesidir. O zaman nefs, "**müttefik nefs**" olur. O zaman nefs, nefis olur.

Bu yüzden "**hesaba çekilmeden önce kendinizi hesaba çekiniz.**" Ancak bunu yapan ve tamamlayan tırtıl kelebeğe dönüşebilir.

Doğum ve ölüm arasındaki o kozmik göz kırpışta bu yüzden insan iki defa doğar. Önce biyolojik olarak doğar, sonra içindeki özü fark **edip onu ortaya çıkartınca, kendinden bir mana çocuğu doğar** ve tırtıl kelebeğe dönüşüp uçar gider. Uçan kelebeğin arkasından bakan diğer tırtıllar da kendi içlerinde kış uykusuna yatan o muhteşem görkem ve potansiyeli bilmeden "ne güzel" der ve yapraklarının üstünde sürünmeye devam ederler.

Allah hepimize güzellikle imtihan olmayı ve hayat kitabını okumayı nasip etsin.

# GÜZEL ANADOLU'MUZUN İLACI
## AKLIN VE KALBİN BİRLEŞMESİNDE SAKLI

*Ne kadar güzel ve özel topraklarda yaşadığımızın farkında mısınız?*

*Bu eşsiz toprak parçasında ne gibi dünya miraslarına sahip olduğumuzu biliyor musunuz?*

*Bu toprakların insanlık tarihi boyunca ne denli önemli ve değerli olduğunu görüyor musunuz?*

Evet dostlar.

Ben kendimi sekiz milyara yakın insanın yaşadığı dünyamızın Anadolu diye adlandırılan bu coğrafyasında yaşadığım için şanslı sayıyorum. Hem de her türlü zorluğa rağmen.

Çünkü belki de **dünyada az örneği olan bir kültürel mozaik, kültür ve insan çeşitliliği** bu topraklarda var. Bugün farklı milletlerden insanları "Amerikan Rüyası" modeliyle çeken ve aynı potada eriten Amerika'da bile bu denli çeşitliliği bulmak zor.

Fakat burada ne var? Burada dile getirmesi zor olan, bazen aklın bile suskun kaldığı bir enerjik bağlılık var. Burada **doğunun bütünsel ve manayı öne çıkaran bakış açısıyla, batının sistem düşüncesi ile aklı öne çıkaran, hayatı parçalara bölen ve mekaniksel yönetmeye çalışan bilimsel bakış açısını birleştiren bir ortam** var. Bir ağacın köklerinin toprakta, dallarının ve çiçeklerinin gökte olması gibi insanın madde ve mana yönlerini birleştiren bir ortam var. Ne tam olarak Batılıyız ne de Şamanizmle yoğurulmuş Orta Asya kökenlerimize rağmen tam olarak Doğulu. Biz biziz. Biz Anadolu çocuğuyuz.

Bu toprakların bir tılsımı olmuş hep. Hep çekmiş insanları buralara. Zira Doğu ve Batıyı birleştiren bu jeopolitik avantajlı konum, uygarlıkların yeşerdiği ya da çapa attıkları topraklar olmuş.

Güzelliği dillere destan Helen'i aşkından dolayı kaçması sonucu, Antik Yunan'dan Kral Agamemnon kalkmış Çanakkale bölgesindeki Truva'ya fethe çıkmış. Bu savaş efsanelere, filmlere, Homeros'un antik eserlerine konu olmuş.

Antik Yunan uygarlığı bugün filmlere konu olur ama bilinmezdir ki, onların kültürü Ege kıyılarındaki İyonya kültürüdür. Lidyalılar, Hititler, Frigyalılar, Urartular, Persler, Romalılar, Selçuklular, hatta Moğollar, sonra Osmanlılar. Hepsi büyük bir kültürel miras geride bırakmışlar.

Dünyanın en eski yerleşim yeri Göbeklitepe ve diğerleri Harran Ovası'ndan hayat bulmuşlar.

Büyük Roma İmparatorluğu'nun 2nci başkenti Efes Antik kentiymiş. Ki bu şehrin nasıl bir rüya kanalından gelen ilham ile kurulduğu mitos olarak anlatılır.

Orta Çağ'ın fakir ve perişan Avrupası sefaletten çıkışı Haçlı Seferlerinde görmüş ve Anadolu üstünden kutsal topraklara yürümüş. Anadolu topraklarından geçerken savaş ortamında bile Anadolu'da batıni öğretiler ve Ahilik ile tanışmışlar ve bu "üçüncü türden yakınlaşmalar" gibi onları temelden etkilemiş.

Ülkemize gelen birçok Hristiyan turiste ve iş arkadaşlarıma sorarım, bilirler mi **ilk yedi Hristiyan kilisesi** Batı Anadolu'da diye. Bilirler mi Aziz Pavlus Anadolu'nun Tarsus bölgesindendir ve Şam yolunda Hz. İsa'nın ona görünmesi sonrası Hristiyan olmuş ve Anadolu kasabalarını dolaşarak Hristiyanlığın ilk tohumlarını burada atmıştır? Bilirler mi yüzlerce belki de binlerce farklı İncil, MS 4. yy'da İznik'te düzenlenen ilk konsey ve sonrasındakilerle dörde indirilmiştir? Bilirler mi Hristiyanlık yozlaşıyor diye ilk Gnostik eğilimler yine bu topraklarda çıkmıştır?

Maalesef bilinmiyor. Bizden bilenler de anlatmıyor. Zaten bilenimiz de fazla mı acaba?

Mısır'dan çıktıklarından beridir binlerce yıldır dünyanın farklı bölgelerine göçen farklı bölgelerde yaşayan Museviler, Osmanlı İmparatorluğu'nda güven ve huzur bulmuşlardı. 14. yy'da İspanya'dan gönderilen Yahudiler İzmir'e yerleşmişler, orada kabul görmüşlerdi.

Moğol istilası sonucu kırılan Anadolu insanları **13.** yüzyı**lda Hacı Bektaşi Veli, Mevlâna, Yunus Emre** gibi eşsiz insanlar sayesinde kalplerinde **mana çocuklarını doğurarak veya kalp gözlerini bir nebze açıp hakikatin nurundan pay alarak** bu topraklarda huzur bulmuşlar. Hatta bu nur öyle bir parıldamış ve büyümüş ki bugün Amerika ve İngiltere başta olmak üzere Sufizm adı altında Anadolu Rönesansı'nın ışığı tüm dünyaya yayılmış.

Anadolu dediğimiz bu toprak parçası çok eşsiz bir yer. Ve bu özelliği ile dünya tarihi şekillendirmiş ve şekillendirecek bir toprak parçası. Bu yüzden de **sefa da belalar da bu topraklara çok sık uğradı olsa gerek.** Kim istemez ki böyle eşsiz doğal güzelliklere, yer altı hazinelerine, kültürel mirasa sahip bir toprağa sahip olmasın. Şanslıyız bunlara sahip olduğumuz için.

1nci Dünya Savaşı ve öncesinde ipini koparan dağılmakta olan hasta adam diye tabir ettikleri Osmanlı'dan pay almak için bu topraklara dadanmış. Allah'a şükür ki Churchill'in dediği gibi her yüzyılda bir tekrar bir dahi, Ulu Önder Atatürk, ortaya çıkmış da bizleri bu illetten çıkarıp kurtarmış, bizlere bir gelecek vermiş. Hem laik hem de modern hem Müslüman hem de laik bağımsızlığa sahip bir ülke olma şansına sahip olmuşuz.

Herkes böyle zenginlikleri ister ve göz koyar. O yüzden **Anadolu'muza** gözümüz gibi bakmalıyız. Ancak topraklarımızda dönem dönem farklı sesler çıkarak birlik ve bütünlüğü bozuyor. Bunu birliği bozmak isteyenler hep olacak. Zira binlerce yıllık tarihimiz belli, gücümüz belli. Tarih de tekerrürden ibaret değil

*Ex oriette lux / Işık*
*Doğu'dan yayılır.*

mi? Bir ara dizimizi yere koysak kısa süre sonra elimizden toprakla ve daha güçlü kalkarız.

**Kendi içinde bir, diri ve güçlü olanı hiçbir dış unsur yıkamaz.** Bu anlamda Anadolu'nun ilacı yine Anadolu'da saklı. Gücümüz yanı başımızda saklı ama farkında olan az.

Peki, bu ilaç ne?

Bu ilaç **akıl ve sezgileri birleştirmekten, BİR** etmekten geçiyor.

Peki, bunu nasıl yaparız?

Zaten Batı'nın biliminden feyz almak için yüzünü Batı'ya dönmüş olan bir ülkeyiz ve bu şekilde modern bilimleri öğrenip, o alanlarda önce çırak sonra kalfa sonra da usta olmak için gayret edeceğiz. Daha katma değerli ürünler üretebilecek teknik imkân ve kabiliyetlere sahip olmak gayretinde olacağız. Yurtdışına gidip bilimi yerinde öğrenip getireceğiz de yurtiçinde kendi AR-GE faaliyetlerimizle kendi teknolojimizi de geliştireceğiz. Cehaleti, taassubu, dogmaları bilimden aldığımız ışık ile yıkayıp atacağız. Aklın özgürlüğünü ülkemizin dört bir yanında tesis edip, her şeyi akıl süzgecinden geçireceğiz. Zaten Kur'an da "OKU" emri ile inmedi mi?

Ancak **bilimin ve aklın hakimiyeti tek başına yetmez. Akıl, beden ve ruhtan oluşan insan, mana yönü olmadan tek kanatlı kuşa döner. Uçamaz. Uçsa da yere çakılır, yem olur gider**. Kadim kültürel geleneklerini bir dönem unutan fakat sonraları tekrar hatırlayıp, sahip çıkan ve bunu günümüzün modern bilim ve akıl anlayışıyla harmanlayan Japonya, Singapur, Çin gibi ülkeler nasıl yaptıysa bizler de kendi köklerimize ve kültür mirasımıza sahip çıkacağız.

"**Işık Doğu'dan yayılır**" derler. Aynen de öyle olmuş hep. Önce Şamanizm ve sonra **Ahmet Yesevi** ile Orta Asya'da başlayan Türk Batıni dünyasının ışığı zamanla Anadolu'da son bulmuş ve Anadolu fırınında olgunlaşmış. **Bu topraklarda koruk önce şarap olmuş, sonra şarap ve nihayet de sirke**. **Leyla'dan Mevla'ya geçilmiş. Maddeden manaya.** Ve bu halk dilinde anlatılmış, herkes sahiplenmiş. Bu nur tüm Anadolu'ya yayılmış. Öyle bir yayılmış Hz. Mevlâna'nın cenazesinde, onun Sevgili'sine kavuştuğu günde, Şeb-i Arus'ta, diğer dinlerin ve inançların liderleri de onu son yolculuğunda yalnız bırakmamışlar, "bizler Hz. İsa'yı onunla daha iyi tanıdık" demişler.

Hz. Mevlana'nın cenaze töreninden daha iyi bir mesaj olabilir mi bugünlere?

**Bugün maalesef yükselen kapitalizm ve maddecilik altında ezilen Batı medeniyetleri, Doğu'nun insanın mana yönünü öne çıkararak bütüncül anlayışını inceleyerek kendilerine**

**ilaç arıyorlar.** Bu arayışlarında Sufiliği üniversitelerde bile okutanlar var. Ancak bu arayışlarında Müslümanlıktan ayrı olarak Sufizm'i inceliyorlar ki **Müslümanlık olmadan Tasavvuf olmaz.** Aynı Hz. Mevlâna'nın Kur'an olmadan Mesnevi olmaz demesi gibi.

Biz ise ne yapıyoruz? Bizler ise Tasavvuf ve Sufizm gibi bir olağanüstü bir nurun göbeğindeyken, dünyada birçok irfan arayanın aradığını bulduğu bu felsefenin dibindeyken onu görmezden geliyoruz. **Tasavvuf bir aydınlanma öğretisidir.** Bir Rönesans gibi bilim tabanlı değil. Farkı, inancı baz alması ve bilim ve sezgilerle onu harmanlaması; akıl-beden-ruhu bir etmesi yani.

İşte bu yüzden de Anadolu'muzun, hatta dünyanın ilacı bu topraklarda saklı bence.

**Salt aklın özgürlüğü insanı kibre** götürür. Şirke götürür bazı astrofizikçilerin yaptığı gibi. Allah yok dedirtir. Ya da Hallac-ı Mansur'un "En'el Hakk" lafını yanlış anlayarak kendisini O'na eş koşar. Salt sezgi ise insanın ayaklarını yerden keser. **Aklın özgürlüğünü ele alan bilim ile dengelenmiş sezgiler veyahut sezgilerin kanatlandırdığı akıl ile ilerlemek her iki kanadını başarıyla ve uyumla kullanarak uçan zarif bir kuğunu süzülmesine benzer.** Hatta bu kuğu bir anka kuşu misali kartal olur.

İşte bu yüzden **Bilim ile Tasavvuf'un kol kola gezmesi Anadolu'muzun ilacı.**

"Ne olursan ol, gel" diyebilen ve her gelenden bir şey öğrenen ve öğreten bir Anadolu kültürü.

"Severim yaradılanı Yaradan'dan ötürü" anlayışıyla çevresindeki herkesi ve her şeyi sevebilen, sevgi, saygı ve hürmet gösteren bir Anadolu kültürü.

İnsanı, Doğayı, kâinatı, Allah'ı ve onun tecellilerini de bilim vasıtasıyla daha iyi anlamamıza yardım edecek bir bilime sahip Anadolu kültürü. Ki bu bilim, psikoloji, biyoloji, fizik, sosyoloji, tarih vs. gibi dallarıyla insanı kendini daha iyi bilmeye götürsün.

**Cehalet, taassup, doğmalar ve yobazlıktan arınmış bir Anadolu kültürü.**

Kökeni, kültürü, ırkı, cinsiyeti, dini, dili, ırkı ne olursa olsun herkesi birlikte yaşamaktan keyif aldığı, farklılıkları problem değil bir fırsat, bir çeşitlilik olarak gördüğü bir Anadolu kültürü. Tabii ki sevgi, barış, huzur, anlayış, hoşgörü, uzlaşma ve tevazunun hâkim olduğu bir Anadolu kültürü.

**Bir zamanlar bunu yapmışız neden şimdi tekrar yapamayalım ki? Hatta şu an eski zamanların sahip olmadığı bilimsel imkân ve kabiliyetlere de sahibiz. Tek yapmamız gereken maddenin yükselişi sırasında gölgelenen mana yönümüzü tekrar hatırlamak, görmek ve dengeye oturmak.**

# "EN'EL HAKK" NE DEMEK?

Tasavvuf bir ağaç ile remzedilirse, bu ağacı Bayezid Bistami'nin diktiği, Hallac-ı Mansur'un kanıyla suladığı ve Muhyiddin İbnü'l-Arabî'nin kanıyla suladığı söylenir.

Büyük İslam filozofu **Hallac-ı** Mansur MS 858-922 yılları arasında **Bağdat**'ta yaşadı. Bin yıldan daha uzun bir zaman geçmesine rağmen idamına sebep olan o meşhur **"En'el Hakk"** lafı hala kulaklarımızda çınlar.

Bu lafı yüzünden zındıklıkla suçlanan ve Halife'nin emri ile ölüme mahkûm edilen Hallac-ı Mansur...

Bayezid Bestami'nin mürşidinden ders almak ve Cüneyd'i Bağdadi'nin talebesi şansına sahip oldu, böylece de kendini çok geliştirdi. Ancak hocaları ile fikir ayrılığına düştüğü bir dönemden sonra yolculuklarına başladı. Hindistan'a kadar gidip oralarda İslam dininin yayılmasına katkıda bulundu.

Bağdat ve civar bölgelerinde isyanların izlerinin henüz silinmediği, istikrarsızlığın devam ettiği bir dönemde Hallâc'ın sözleri ve davranışları halk ve ulema arasında yeni bir huzursuzluk meydana getirdi. Hallâc'ın Allah'ta eriyip yok olmak anlamında söylediği **"En-el Hakk"** yani "Ben Hakk"ım sözü bahane edilerek 912 yılında tutuklandı. İdam isteği ile yargılandığı ev hapsinde tutuklu olmaya mahkûm edildi.

Hallâc hapisteyken de aleyhindeki faaliyetler bütün şiddetiyle devam ediyordu. Cezalandırılması yönündeki taleplerin artması üzerine tekrar yargılandı ve 922 yılında idam edildi. "En-el Hakk" sözü ile kendisinin Allah olduğunu iddia ettiği söylenerek idam edildi.

Ancak Hallac'ı Mansur **"Fi"** ve **"An"** kavramlarıyla **her şeyin Allah'ta olduğunu ve Her şeyin Allah'tan olduğunu söylüyordu.** Bu panteist görüşe paralel olan Vahdet-i **Vücud anlayışından farklıydı.** Her şeyin Allah'ta olduğunu söylemesi aslında bir pan-enteist görüştü, yani evreni Allah'a eş kılan panteist görüş değildi bu. Ona göre Allah yaradılmış her şeye eşit değil, onlardan fazlasıydı ve tecellilerini kendinde barındırıyordu, çünkü o sonsuz ve hâkim-i mutlaktı.

**Fihi Ma-Fih** adlı eserinde **Hz. Mevlâna** diyor ki; **"En'el Hakk dediğinde Mansur, "ben fena buldum, yok oldum, yalnız Hakk kaldı"** diyor.

**Hakk, Allah'ın 99 isminden biri ve varlığı "hiç değişmeden kalan" anlamına geliyor.** Bir diğer anlamıyla da MUT-LAK HAKİKAT. Hani spiritüalizmde töz denen şey. Yani **"Ben Hakk'ım"** yani **"hakikatten gayri değilim"** anlamında veyahut "ben hakikati biliyorum", "hakikati gördüm" anlamında da o ünlü sözünü söylemiş olamaz mı?

Bu söz kişinin Allah ile birleşip-bütünleştiği, kişinin varlığının Allah'ın varlığı içerisinde eriyip yok olduğu (Hulul) diğer bir ifade ile Tanrı'nın varlığının kişinin vücudunda yüz bulması anlamlarını da ifade etmekte. Nefsin mertebelerini tırmanarak ileri bilinç seviyelerine ulaşan ve ölmeden önce ölme makamına gelen kişilerin neler yaşayıp, hissettiklerini bizler anlamaya çalışıyoruz.

Ama şu kesin ki, idamına sebep olan bu söz bugün bile hatırlanıyor.

# HAZRETİ İNSAN

Tasavvuf ile ilgilenenler Hazreti İnsan tabiriyle karşılaşmışlardır. İlk bakışta garip gelir insana. Çünkü "**Hazret**" sıfatını Hz. Muhammed, Hz. İsa, Hz. Musa gibi Semavi Dinlerin peygamberlerinin isimlerinin önlerinde görmeye alışmışızdır. Çoğu kez de Hazret sıfatının hakiki ve deruni anlamını bilmeden sadece onları yüceltmek için kullanıldığını zannederiz.

Hazret sıfatını çoğu zaman düşünmeden kabul ettiğimizdendir herhalde ki, nerede ne vasıl kullanacağımızı da düşünmez insan. Bu ironik durum sadece Hazret kelimesi için değil, günlük yaşamda kullandığımız birçok sıfat, söz ve atasözü için de geçerlidir.

Maalesef hayatın illüzyonu içinde düşünmeden yaşıyor çoğu insan. Zekasını kullanarak iş yapabilme becerisine farkındalıkla kullanılan bilinçli aklı eklemeden yaşıyor.

Çok nadir kullanılan bir sıfatı bir de Mevlâna gibi ermiş kişiler için de kullanırız ama gariptir ki, Hz. Buda da demeyiz. Hz. Konfüçyüs de denmez. Ya da Hz. Gandhi. Ne kendini bil sözüyle batı felsefesine ismini altın harflerle yazdırmış olan Sokrates'i Hazret sıfatıyla onurlandırırız, ne de onu ardılları olan Eflatun ve Aristo'yu. Dokuz asır kadar uzun bir süre boyunca Atina'daki varlığını sürdürmüş ve binlerce öğrenci yetiştirmiş olan Akademi'nin kurucusu Eflatun bile bu sıfata layık görülmez. Hatta Batı bilimin kapılarını aralayan Platon dile bu sıfatla anılmaz. Layık görülmesi de düşünülmemiştir bile. Keza M.Ö. 6. yüzyılda Kuşadası'nın açıklarındaki Samos adasında doğan ve hakikatin peşinde koşarken 22 yıl Mısır'da ve sonra 12 yıl Babil'de Kalde mabetlerinde eğitim alan Pisagor daha sonra İtalya'nın Kroton şehrinde kurduğu ünlü okuluyla bile bu sıfatı almamıştır. Bu durum Hristiyan dünyasının azizleri için de geçerlidir. Onlar da kendi azizlerini Saint sıfatıyla anarken, **Sokrates, Eflatun, Platon, Zenon, Epikür, Heraklitos, Thales, Çiçero, Marcus Aurelius, Plotinus** vb. diğer batı medeniyetinin çok saygı gösterdiği felsefi kişileri dahi Saint sıfatıyla anmazlar. Hani onlar filozoftu diyelim ama başka kültürlerde ve toplumlarda peygamber ya da peygamber gibi kabul edilen **Orpheus, Zerdüşt, Mani, Buda,** vb. gibi büyük insanlara da ne Hazret ne de Saint denir. Bizim kültürümüz ve inancımız açısından baktığımızda sadece evliyaların toprağı olan Anadolu'muz ve İslam coğrafyasındaki **nebi ve veli**lere atfederiz bu ululuk sıfatını nedense. Ancak dünyanın diğer bölgelerinde de yaşamış farklı inanç sistemlerine bağlı bolca evliya vardır.

Evet. Artık isim ve sıfatlardan sıyrılalım ve biraz daha derine dalalım. Zira Hazret kelimesi bir sıfat ve bir insanın tekâmül olarak ulaştığı üst bir mertebeyi insan aklının alabilmesi için kullanılan bir tanımlama.

Tasavvuf'ta 7 mertebe ile nefsin terbiyesine çalışılır. Bazı yollar bundan farklısını da uygular...

1. **Nefs-i Emmare** – dünya illüzyonu içinde uykuda yaşayan bilinç

2. **Nefs-i Levvame** – uyanma seçimi yapan bilinç

3. **Nefs-i Mülhime** – uyanma seçimi ile arayışta olan ve hayat kitabını çevresindeki her insan, her olay, her koşul, her ortamdan kendine akan bilgi (**mathesis**)**,** cemali ve celali hayat tecrübeleri (**pathesis**) ve ilhamlarla (**gnosis**) okumaya başlayan ancak henüz kendi sentezini tamamlamamış olan bilinç

4. **Nefs-i Mutmaine** – acı ve ıstıraptan unları nasıl yöneteceğini bilerek kurtulan bilinç

5. **Nefs-i Raziye** – tevhid makamına ulaşan bilinç; yani sövene dilsiz vurana elsiz olabilen, iyi vc güzeli bir gören, lütfu ve kahrı aynı gören, cemali ve celali birlemiş bilinçtir. Dualitenin hâkim olduğu yaşam tiyatrosunda sarkacın etkisinden zihnen ve kalben kurtulmuş, tanık zihniyetinde teklik içinde yaşayan bilinçtir. **Fenafillah** makamıdır

3 - Tasavvuf Yazılarım

6. **Nefs-i Mardiyye** – insanlığa ışık saçmak için seçilen bilinçtir. **Bekabillah veya Avatarlık** makamıdır.

7. **Nefs-i Kamile (veya Safiye)** – kemale erenin nefsidir. Hiçlik makamıdır.

Bu derecelendirme tabii ki mutlak, bir ve bütün olanın sonsuz düzenini anlamaya çalışan sonlu ve beşerî insan aklının bir haritalama yöntemidir. "İlahi düzende hakikat nedir?" insan aklı bir yere kadar anlayabilir. Anlatılanı da kendi kabı kadar algılar. Anlamak içinde sistemler geliştirir ta ki kalbini açana dek.

Bu ve benzeri yöntemler birçok ezoterik ve mistik yapılanma içinde kişiyi bir gelişim yoluna sokmak için vardır. Hepsi de doğrudur ve hepsi de aynı yere çıkar.

Tasavvuf'ta Muhyiddin) İbnü'l-Arabî ile ortaya çıkan bu yedi mertebenin ilk üçü **hayvanlık makamları** iken son dördü **insanlık makamları.**

Yani, bir insan, insan olarak doğduğu için insan olamaz. İnsan bedeninde doğmak bizi insan yapmaz. İnsan olmak bir mertebedir, bir hak ediş.

Toprak elementini temsil eden ve insanın fabrika ayarlarından biri olan nefsinin hakimiyetinde yaşayan bir insan **Maslow'un İhtiyaçlar Hiyerarşisi**'nde en alt basamakta "**beka (survival)**" halinde yaşamaktadır ve bu yüzden de ormanda yaşamakta olan bir hayvandan farkı yoktur. Yemek, içmek, cinsellik, barınmak, mücadele ve kavga ederek hayatta kalmak gibi temel ihtiyaçlarını giderir. İd'inin kuklasıdır.

Daha uygun bir tabirle Vedik Öğreti'de anlatıldığı gibi veyahut Gurdjieff'in dediği gibi "insan uyumaktadır" ve basit hücreli bir canlı kadar sahip olduğu o müthiş potansiyeli kullanmaktadır. Bir nevi Ferrari kasasındaki Şahin motoru performansında gibidir. Erdemler, adap, edep, ahlak, güzellikle kullanılan kuvvet, içten gelen kuvvet, koşulsuzluk, iyilik, doğruluk, faydalılık yoktur. Sadece BEN vardır. BİZ yoktur.

Ancak "**insanlık makamları**" denilen bilinç ve tekâmül seviyesinde olan insan erdemleri bilen ve uygulayan, hal etme yolunda olan, bilmekten yapmaya geçmiş insandır. Artık etkiye olduğu gibi robot gibi tepki vermeyen, hayata tepki vermeyen ancak gelen etkiye **cüz'i iradesini kullanarak bilinçli olarak karşılık verebilen** insandır. **Bağımlı değil, bağlıdır.** Hayat tiyatrosunun oyuncusudur ama illüzyonu da tanımakta ve yönetmektedir.

Artık **erdemler, adap, edep, ahlak, güzellikle kullanılan kuvvet, içten gelen kuvvet, koşulsuzluk, iyilik, doğruluk, faydalılık** ile harmanlanan ışık dolu bir hayat yaşar. **Hal ve tavırlarıyla ışık saçar.** Sineklerin ışığa çekildiği gibi diğer insanlar ona çekilirler.

Nefsi mutmain ile başlayan insanlık makamlarında ilerledikçe kişi artık egosunu terbiye edip, onu müttefiki kılar. Sağlıksız egosu, sağlıklı hale dönüşür. Bilinç seviyesi ve titreşimi artmıştır. Hayat ile mücadele etmez, **denge-ölçülülük-ahenk** içinde AN'da ve akışta olur. Koşullar ve zıtlıklar zihninde kalkar, her şey BİR'lenir.

İşte böyle bir insan "**Hazreti İnsan**"dır.

"Hazret" denilince aklımıza hemen insanüstü bir varlık gelmesin sakın. "Hazret" demek "**huzurda olan**" demek. "**Allah'ın huzurunda olmak**" demek. Her an, her ortamda, her koşulda, her durumda, her insanla münasebetinde, **sanki Allah onu seyrediyormuş gibi olmak, yaşamak ve davranmak demek.**

Bu bir sınav. Huzurdayken olan sınavı geçmek için **iç huzur**a sahip olmak gerek.

Her an Allah'ın huzurunda olmak fikrini sadece birkaç dakika için düşünmenizi rica ediyorum dostlarım.

Her an O'nun huzurunda olanın mecazi anlamda "**gölge**"si olamaz. Çünkü hakikatin nuruna nasıl bilgelik ve ahenkle uyumlanacağını bilir. Gölgesi varsa bile O bunu bilir. O bunu bileceği için ise insan hata yapamaz, yapmak istemez; aynı aşık olduğu insanın önünde hata yapıp da onu kırmak istemeyen genç aşık gibi...

Peki, o zaman Allah şah damarımızdan bile bize yakınsa zaten O'nun her an huzurunda değil miyiz?

Evet. Elbette ki her an O'nun huzurundayız. Tek sorun insanın her an O'nun huzurunda olduğunu bilmemesi çünkü iç huzuru olmadığından **geçici dünyanın oyun ve illüzyonlarına**

**kendini kaptırması.**

Tek sorun dünya sınavları karşısında ayakta durmaya çalışan insanın Matrix'in dibinde yaşıyor olması.

**Hayat bizleri her zaman sadece olumsuzlukla yani celali olaylar ile sınamıyor.** **Aynı zamanda bize rol model alabileceğimiz kişiler, durumlar, örnekler, öğretiler ile de güzelliklerle yani cemali ile de dokunuyor.** Yeter ki biz almayı bilelim. Yeter ki kabuğumuz kalın olmasın ki hayat onu kırmak zorunda kalmasın.

İşte bu noktada Hazreti İnsan diye tabir ettiğimiz insanlar bizlere güzelliklerle örnek oluyor. Onların da görevi güneşin ışığını yansıtan ay gibi hakikatin nurunu bizlere tertemiz ve pürüzsüz bir **AYNA** gibi yansıtmak.

Bizler hakikatin nurundan dem alır mıyız bilinmez. Zira **herkes kendi kaşığı kadar alır.** Kaşı olan kaşığı kadar alır. Bazıları kepçe ile alır, bazıları da leğen ile alır. Bazıları da damlalık kadar bile almaz. Bazıları da daha fazla alır tır yüküyle.

Dilerim herkes kabını büyüterek her zaman bizlere akmakta olan rahmeti ve ilhamı alır. Çünkü hayat her an bizi çevreliyor. **Hayat kitabı** her an bizlere açık. Yeter ki **"kaldır kendini aradan çıksın ortaya Yaradan"** misali kendi perdelerimizden kurtulalım ki, her daim akmakta olan **ilham ve kelamı** filtresiz bir şekilde alalım. Aldıkça da **kalbimizi açalım.**

---

**Herkes kendi kaşığı kadar alır. Bazıları hakikat okyanusundan leğenle içer, bazıları kovayla, bazıları çağ kaşığıyla.**

---

119

# AKILDAN KALBE YOLCULUK

Tekâmül...

İnsanın hayata geliş sebebi...

Mutlak ve Bir olanın, BÜTÜN'ün aşikâr oluş sebebi..."OL" deyip de oldurma sebebi.

Tekâmül eden beden değil; RUH. Bedenimize üflenen ve henüz bilimin varlığından emin olamadığı ama binlerce yıldır insanların varlığını kalplerinde hissettikleri ruh... Tekâmül eski Türkçe bir kelime. Modernize etmek gerekirse, insanın **bilinç** seviyesi ile alakalı. Her şeyin titreştiği bu evrende ruhun elde ettiği deneyimler sonucu titreşim seviyesinin artması ile alakalı...

Bilincin eski tabiriyle şuurun gelişimi önündeki engel ise akıl. Çünkü akıl **Dünya illüzyonuna** takılı. Zıtlıklara dayalı çalışan akıl, evrenin sanal gerçekliğine obsese.

Engeli kaldırmak ise **aklın özgürlüğü** ile mümkün. Zira insanın sezgileri her zaman açık. Ancak onları tam olarak kullanamıyoruz.

Hayat her insandan, her olaydan bizlere konuşuyor aslında.

Akıl ise **kısıtlayıcı inançlar, cehalet, dogma, taassup, çocukluk kararları, bağımlılıklar, korkular, öğrenilmiş çaresizlikler, arzu, istek, beklentiler, batıl ve boş inançlar**dan oluşan paradigmalarından dolayı olanı olduğu gibi, geleni geldiği gibi alamıyor. Tüm bu listedekilerden aklını özgür kılan aklının özgürlüğünü ele alabiliyor.

Aklın özgürlüğü ise hakikatin her akan bize dokunan nurunu daha temiz ve kesintisiz alıp, akıldan kalbe geçmemize olanak sağlıyor. Tüm çakralardaki tıkanıklıkların temizlenip, tepe çakrasından insana gelen ilahi tesirleri alma kapasitesi bu.

Hakikatin nurunun düştüğü bir et parçası olan kalp, dönüyor işte o zaman gönle. İşte o zaman ego, **sağlıklı egoya** dönüşüyor.

Nefs, **razı olan nefs** oluyor. Artık **hiçlik** yolunda ilerliyor...

Bu nasıl bir bilinç ve biliş halidir ki kişi olanı olduğu gibi, duruma yorum katmadan yaşayabiliyor. An'da ve akışta oluyor. Her şey rüzgârın saçlarını yalayıp gitmesi gibi yapışmadan, kişiyle özdeşleşmeden geçip gidiyor.

Ama kişi pasif değil, aktif. Hem de eskisinden bile daha fazla aktif. Çünkü artık o bir aşk sarhoşu. Yunus Emre'nin **"IŞK"** diye tabir ettiği, Antik Yunanlıların **"AGAPE"** dedikleri İlahi aşk ile yanıp tutuşuyor. Aşk şarabından içiyor her an. Ve dışarıdan bakan bir insan bu kişide Budizm'de aydınlanan insanın 4 hali diye tabir edilen "şefkat, neşe, **huzur ve sevgi dolu bir nezaket"** görüyor.

**Artık ispat yok, etiket yok, yargı yok, koşul yok, beklenti yok,** şikâyet **yok, öfke yok, kıyas yok, kötüleme yok, yargılama yok, suçlama ve eleştiri yok...**

Sadece olanı olduğu gibi kabul ve buna göre hayata verilen bilinçli karşılıklar var. **Tepki değil, karşılık vermek hayata...** Bir **tanık zihniyeti** içinde yaşanan bir var oluş. Zıtlıkların hâkim olduğu bir evrende, **birlik bilinci**yle yaşanan bir hal. Zıddı olmayan bir sevgi ve aşk ile düalist dünyanın yaşandığı bir hal. Ve **erdemlerin hal edildiği bir yaşam...**

Yani sürtünmesiz yüzey gibi idealizmden değil, bilfiil insanın niyet, gayret ve kısmet ile sahip olduğu bir var oluş halinden bahsediyoruz. Eylem ile sınamış, büyük sınavlardan başarıyla geçilmiş bir kahramanın yolculuğundan bahsediyoruz.

İdeal ama neden olmasın ki?

Yapan nasıl yapıyor?

Birisi yaptıysa herkes yapabilir. Hedefi yüksek koyalım ve içsel yolculuğumuzda kısmet ise bu seviyeye kadar ilerleyelim. Allah hepimize nasip eder inşallah...

## LEYLA'DAN MEVLA'YA

En büyük başarıları elde etmene rağmen övgü değil, sövgü alsan bile...

En güzel yaptığın işlere takdir değil, eleştiri gelse bile...

Çevrenden kabul değil, ret görsen bile...

Seni adalet değil, haksızlık bulsa bile...

SEN YİNE DE SEN OL.

Kendin ol.

Çevrendekiler eğri diye sen eğri olma.

Taptuk Emre'nin dergahında pişen Yunus Emre gibi **dergâha** eğri odun sokma; işini en iyi şekilde hakkıyla yap.

Kimseye gönül koyma.

Kimseye öfke duyma.

"Keşke"lerle pişmanlığa bulanma.

Hayal kırıklıklarıyla aklını ve gönlünü yorma.

Yapamadığın şeyler ve pişmanlıkların için gündüz düşleri kurarak aklını zehirleme.

Değiştiremeyeceğin şeyler için üzülüp kendine dert, tasa yaratma.

Sen yine sen ol, **her şeyin Allah'tan geldiğini bilerek hayatın sana mesajlarını anlamaya çalış.**

Sen olaylara, kişilere değil, sadece kendi gelişim yoluna bak. Kendi tekamülüne bak.

Her koyun kendi bacağından asılır misali, **herkes beşerî yaşamda kendi tekamülünden sorumludur.**

**Kişi eksiklikleriyle sınanır, bu yüzden sana gelene razı ol. Ne oluyorsa olması gerektiği gibi oluyordur.** Ve O'dan geliyordur.

Gelene, olana razı ol ki, acı ve ıstıraptan kurtulasın.

Ve o zaman **Allah'ta sana razı** olur ve sen de O'nun dostları arasına katılasın.

İşte o zaman Leyla'dan Mevla'ya geçersin...

İşte o zaman maddeden manaya geçer, aşk şarabını içersin...

İşte o zaman **fenafillah** mertebesine yükselir, yüce Mevla'nın tüm tezahürlerine hayret ederek **bekabillah** yolunda ilerlersin.

# İYİ İNSAN OLUP OLMADIĞINI NASIL ANLARSIN?

Uzun bir süre önce okuduğum bir kitap vardı "dervişin seyir defteri" adında. Mim Kemal Öke'nin yazdığı bu Tasavvuf ile ilgili kitabı elime aldım ve altını çizdiğim kısımlarını tekrar hızlıca bir gözden geçirdim.

Kütüphanem zengindir ve severim bol bol okumayı, zira her okuduğum kitap benim için bir inzivadır, bir tefekkürdür. Çilehaneye girmiş derviş gibi bir kitabı okurken sayfalar arasına girer ve her sayfaya gönlüme düşenleri not ederim. İlhamlar gelir bazen ve gelen fikirleri not ederim. Kitap kitaplıktan çıkıp bir not defterine dönüşürken, ben de kitap sayfalarına yazdıklarımı gönlüme nakşederim. Her bir nakış ile içinden kelebek olarak çıkacağım kozamın duvarlarını örerim.

İşte bu yüzden her okuduğum kitap gibi bu kitap da alınan notlar, çizilen şekillerle doluydu. Tüm bunları hızlıca tararken yazarın bir insanın iyi insan olup olmadığını nasıl anlayacağına dair oğluna verdiği nasihate dair yazılanlar gözüme takıldı.

**İyi insan olduğunu nasıl anlarsın?**

Okudum ve basitliği karşısında sarsıldım.

Zamanında kitabı not almış ve üstünde yazıp çizmiş olduğumu o sayfaya aldığım notlardan anlıyordum anlamasına ama nedense bu güzel fikir aklımda kalmamıştı. Her şeyin bir zamanı var. **"Zamanından önce çiçek açmaz"** der eskiler.

İyi insan olduğunu nasıl mı anlarsın?

Ne kadar çok insan sana **"Allah senden razı olsun"** diyorsa, o kadar çok iyi bir insan olduğunu düşünebilirsin.

Yazarın bu notu hakikaten de doğru bana göre de. Zira herkes özünde iyidir ve iyiliklere ulaşmak ister ancak hayatın koşturmacaları ve çekiştirmeleri arasında yaşadığı o duygusal gelgitler ile kişiliğinin gölgeleri dışa vurdukça, o özünde iyi insan bir kurt adama dönüşebilir.

Bir insanın bir diğer insana "Allah senden razı olsun" demesi kolay değildir. O insanın hayatına gerçekten çok önemli bir katkıda dokunmuş olmadan kimse kimseye bunu kolay kolay söylemez. Ya da bu sözü söyleyen öyle büyük ve yüce gönüllü bir insandır, belki de bir velidir ki, en küçük bir şeyde bile Allah rızasını dilemektedir. Halkın çoğu veli olmadığına göre bu laf söylenmesi kolay olmayan bir laf olsa gerek.

> *Zamanından önce çiçek açmaz.*

**Bir insanın çevresindekilerin sağlığı, mutluluğu, işi, ailesi, finansal durumu ve hayallerini gerçekleştirmesine katkıda bulunmak...**

**büyük sorunlarını aşmasına yardımcı olmak...**

**zor zamanlarda hakiki dost olarak yanında olmak gibi hayatındaki ana unsurlar üstünde olumlu etkiler yapmadıkça, katkıda bulunmadıkça o insanın kalbini fethetmek kolay değildir.**

O yüzden insan ne kadar çevresindekilere bu alanlarda olumlu katkı sağlayabiliyor ve onları koşulsuzca, karşılıksızca mutlu ediyorsa, Allah da ondan o denli razı olur diye düşünebiliriz. Dolayısıyla, tüm o hayat mücadelesi içinde "insanlara nasıl hizmet edebilirim" düşüncesiyle yaşamak lazım.

Hayat bir **enerji değiş-tokuşu** üstüne kurulu olduğuna göre sadece almak olmaz. Bize en küçük yardımı dokunanlara bile bazen bir teşekkür, bazen bir gülümseme, ama daha da önemlisi "Allah senden razı olsun" diyerek onları ve çabalarını, niyetlerini onurlandırmak şık bir davranıştır. Sadece teşekkür etmeyi bile ne kadar az insanın başardığını düşünürsek birçok insan için can-ı gönülden bir başkasına "Allah senden razı olsun" demenin ne denli zor olduğunu tahmin edebilirsiniz. Bunun için koşulsuzca sevmek, şefkatle davranmak ve bizi çevreleyen bu yaşam mucizesinin içindeki her şeye **"minnetin gözleri"yle bakmak** lazım ki, dışarıda kusur değil güzellikleri görebilelim.

**"Kusur görenindir"** der Sufiler. O zaman kusurlara değil de herkeste çok olan güzelliklere odaklanalım ki, çevremizdekiler kendilerindeki güzelliklerin farkına varsınlar. Güzellikler farkına varıldıkça daha çok tatbik edilecek ve zamanla kusurlar güzelliklerin ışıltısı ardında kaybolup gideceklerdir elbet.

Elimizden geldiğince insanların hayatında olumlu katkı bırakmak için koşulsuzca hizmet etmek ve çevremizdeki güzellikleri fark edip söz ve davranışlarımızla onurlandırmak hepimize nasip olur inşallah.

**Kusur görenindir.**

# UÇAN KUŞA İKİ KANAT GEREK

Nerelerdesin ey hakikati arayan kardeşim
Neler yapar, neler edersin merak ederim
Aramakla bulunmaz ancak bulanlar arayanlardır derim
Maddeye kaptırıp manayı unutursan yazık edersin kendine
derim

Sen ver kendini elbet işine
Sakın mana ateşini söndüreyim deme
Herkesin yolculuğu kendi özeline
Mana kanadını tak da var işine

Madde ve mana iki ayrı kanat
Maddeyi unutma, heyhat!
Kaldır engelleri bir kenara at
Uçamaz iki kanat olmadan insan denen beşeriyat

Kuşa uçması için iki kanat gerek
Biri madde ise diğeri mana olsa gerek
Her iki kanadı madde olanın sınavı zevk
Mana kanadını takanın varacağı yer ise, Tek

# NE ARIYORSAN SEN O'SUN

Hakikat tektir ancak ona çıkan yollar çoktur. Sonsuzun peşinden beşerî ve sonlu imkanlarla çıkılan bu yolda herkes kendi kabı kadar alır. Üst benliğimizin ve insan idealinin ulaşabileceği üst bilinç hallerinin potansiyelinden ötürü dünya illüzyonuna obsese olarak geçen bir yaşam Sokrates'in dediği gibi bana göre hakkıyla yaşanmamıştır.

O yüzden arayışta olmak ve içsel çalışmalarla kendimizi bilmeye çabalayalım.

Nereden başlamalı sorusunun cevabı ise; yol çok, ancak iş sende başlıyor.

Kendine ayna tutmak tüm ezoterik yolların giriş kapısı. Arayana göre yol hep var. İnanç, bilim, felsefe, sanat, ruhsallık, mistisizm vs. vs. Yoga yolu, inanç, düşünce ve eylem olarak üç farklı giriş kapısı veriyor mesela. **Bhakti Yoga, Jnani Yoga** ve **Karma Yoga**. Her tarz yaşama göre yol var.

Sen ne kadar istiyorsun, asıl mesele bu?

Arıyor musun? Kendini, insanı ve hayatı ve de kâinatı anlamlandırmaya çabalıyor musun?

Sen ne arıyorsun? Ne arıyorsan sen osun.

Sabahları seni 05:00'te hiç zorlanmadan uykundan kaldırabilecek kadar güçlü herhangi bir hayalin ya da arayışın var mı? Yoksa rüzgardaki yaprak misali o bar senin, bu mekân benim çal patlasın, vur patlasın karıncayla dalga geçen ağustos böceği gibi şu kısacık hayatını madde denen illüzyonuna heba mı ediyorsun kendini? Hep devam edecek sandığın bu beşer yaşamına sımsıkı sarılarak her iki cihanı da heba mı ediyorsun?

Bir arayışı olmalı insanın. Hayata anlamı katkı sağlayabileceği bir arayış.

Arayış bir çabadır. Bu bir iş olabilir ya da hobi ya da herhangi bir meşguliyet. Taş kırmak da bir meşguliyettir. Evlendirme programı seyretmek de. Zaman bir türlü geçirilir, ancak dünyada yerine konması imkânsız olan birkaç şeyden biri olan zaman anlamsız ve boşa geçti mi iki göz kırpış arasında ömür dedikleri bu hayatın sana ne kazandıracağını düşünmek lazım. O yüzden hem kendimizi hem de çevremizdekileri insanıyla, doğasıyla daha iyiye, daha güzele, daha doğruya götüren olumlu bir katkımız olmalı bu hayatta.

Hayat insana elbet bir türlü el verir. Yeter ki sana verilen eli gör. İzin verilmeyene yol gösterilmez. Yol gösterenin varsa, hakkını vermek ve değerli zamanı çarçur etmemek gerek. Tek bir hayatın olduğunu unutma ve şimdiden başka yapacak zamanın yok.

# KADER ÇİÇEĞİ

İnsan ağacının meyvesi «kader çiçeği»**dir...**
Bilge insanın sadece tek bir fikri vardır hayata ve hayat akışına dair. O da her şeyin en güzelinin, en iyisinin olacağıdır. İnsan zekasıyla her an binlerce fikir üretebilir ancak bir yere varamaz. Ne kadar düşünürse düşünsün geleceği öngöremez, bilemez. Hayat kontrolü dışında akar.

**İnsan bir ağaç ise meyvesi de kaderinde saklıdır.** Meyve kaderinin aşikâr kılınmasıdır, bir sonucudur. Ağacın tohumunun henüz toprağa ekildiğinde ağacın meyvesinin potansiyelini kendi içinde saklaması gibi. O yüzden insanın kaderi, insan ağacının toprağa ekilme sebebidir. Kader, insanın yaşam amacıdır, varlık sebebidir.

Ağaç büyürken ne ağacı olduğunu bilmez. Zira çevresindeki her ağaç farklıdır.

Farklı ağaçların açtıkları meyvelere bakar "acaba ben bu meyveyi mi vereceğim der?". Çevresindeki henüz açmamış ağaçlara bakar "ne olacak diye sorar?" kendine.

Hangi meyveyi vereceğini henüz çiçek açmadıysa bilmez. Belki çiçek açtıysa ve açan çiçeği ilk defa gördüyse, o zaman da açan çiçeğin hangi meyve olduğunu bilmez. Sabretmek ve meyvesinin çiçekten gelişmesini beklemekten başka çaresi yoktur.

Hangi meyvenin açacağı onu o ağaç yapan tohumda, yani kaderinde saklıdır. Tek sorun kaderinin ne olduğunu bilmemesidir.

Zaman ile bu kader çiçeğinin açılmasını izleyecektir. Tek kontrol sahibi olduğu şey bu kader çiçeğinin hangi deneyimlerle açacağına karar verebilmektir. Bunu da içinde bulunduğu tarlayı saran güzel ve zor koşullara verdiği tepkiler belirler. Kaderinin çiçek açması sürecinde hayata ve yaşadıklarına verdiği tepkileri bilinçli seçmek dışında bir başka imkânı yoktur.

Kader çiçeği elbet açacaktır. Ağacın var oluş amacı mutlaka o meyveyi açtıracaktır. Yapması gereken gelişen olaylarla mücadele etmek yerine olanı olduğu gibi kabul edip, var oluşun gizemlerine elinden gelenin en iyisini yaparak rıza göstermektir. Ne olacağı kaderinde saklıdır ancak bunun nasıl yaşanacağı ağaca bağlıdır.

Sen de ey bir ulu ağaç olan insan!

**Sen de kader çiçeğinin açılmasını izle. Şahitlik et hayatın gizemlerine. Kendinle, hayat ile, var oluş ile mücadele etme. Tek yapabileceğin olaylara, yaşadıklarına iyilik, doğruluk, güzellik ve adaletle davranarak karşılık vermek ve gerisini yaşamın bilgeliğine bırakmaktır. Sadece elinden gelenin en iyisini yapmaktan sorumlusun, çünkü sen de tüm mevcudattaki her varlık gibi kendi kabında öğreniyorsun.**

Bir var oluş amacının olduğuna inan. "Allah insanın canını alacak olsa rızkını alır" der eskiler. Nefes alıyorsan kader çiçeğinin açmasına daha vardır. Henüz meyve açmana zaman vardır.

An'da ve akış'ta Aşk ile kal ve yaşa.

Ne yaparsa yap Aşk ile yap.

Gerisi detay.

---

**Allah insanın canını alacak olsa rızkını alır.**

---

# ŞEB-İ ARUS'UN MODERN İNSANA MESAJI

Hz. Mevlâna sayesindedir ki, ölüm anı gibi insanı tüm bildiği her şeyden koparan, alan o tecrübeyi korkuyla değil **sebepsiz bir Aşk** ile anlamaya çalışıyoruz. Zira Tasavvuf öyle bir aşktır ki, Yüce Allah korkulacak değil her şeyiyle sevilecek, razı olunacak varlıktır.

Biz insanlar kendi kendimize var olamayacağımız için bir başkasına muhtacız. Tüm muhtaçlıklardan soyutlayın kendinizi, bakın geriye ne kalır?

Kalan sadece hakiki dost olan Allah'tır. Hiçbir şeye ihtiyacı olmadan tek başına var olan sadece ama sadece mutlak varlık olan Allah'tır. Bizler ise gölgeyiz ve geçiciyiz bu emanet dünyada. Güneş O ise, bizler O'nun nurunu yansıtan pürüzlü ve tozlu aynalarız.

**Tüm evren değişim üstüne kurulu** ve tüm mevcudat her an titreşiyor, değişiyor. Her şey zıtlıkların hâkimiyetindeki **hareket ve dinamik denge** üstüne kurulu. Hepsi zamanı geldiğinde bir başka şeye dönüşerek eski halini geride bırakıyor.

Ölüm de işte böyle bir şey sevgili dost...

Korkulacak bir şey değil. Sadece **bir alemden diğerine bir geçiş**.

Peki, neden o zaman korkuyor ki insan? Bir geçişten korkmaya ne gerek var?

Çünkü insan dünya yaşamına enkarne olduğu zaman doğduğu andan, hatta doğumdan bile önce anne karnındayken, dünya yaşamını izlemeye, öğrenmeye başlar. Yaşadıklarına zamanla gördüğü örneklerden bir anlam vererek, özünde nötr olan var oluşu iyi-kötü, güzel-çirkin, doğru-yanlış, adil-adil değil gibi **düalist** bir şekilde yorumlamaya başlar.

Tüm bu yorumlamalar kendi kabına göre aldığı ve kendi şekillenmekte olan **zihin haritası**na göre edindiği **izlenimler**in bir neticesidir. Zamanla her bir **cemali ve celali olay** ile bu anlamlandırmalar zihin haritasını oluşturur çocuğun. Bu zihin haritası da onun hayata vereceği **bilinçli (telafi mekanizmaları) ve bilinçsiz (savunma mekanizmaları) tepkileri**ni belirler. Yaşadığı her tekrar eden olay beynindeki **nöron bağlantılarını** pekiştirir ve kişiliği kendisine nakşedilir. Sonrası ise bildiğimiz her tepkiye **otomatik ve bilinçsiz tepki** veren insan modelidir. **Kendini gerçekleştiren bir kehanet** haline dönüşen insan.

Tüm bu süreçte **insan dünyaya duygularıyla bağlanır**. Maddesel objelere **anlam ve önem** yüklemelerini duygularıyla yapar ve yaşamında vereceği tüm tepkileri zihin haritasından bu standart **duygusal kalıplar**a göre çağırır.

Maddesel dünyanın makam, **mevki, para, şöhret, mülk, paye** gibi çok bilinen putları birer birer onu kendisine köle eder. Tüm **korkuları, ıstırapları ve obsesyonları** putudur aslında. Neyi gereğinden fazla ve aşırı seviyorsa veya neyden gereğinden fazla korkuyorsa o onun putu olur. Hayatındaki sınavları ise putlarıyla olur.

Her şeyin dengede olduğu bu evrende **denge** noktasından olumlu veya olumsuz yönde ne kader sapıyorsak onlar bizim putlarımızdır. Neyi aşırı uçlarda yaşıyorsak, onlar putlarımızdır.

Putları olan insan dünyaya da obsese olmuş demektir ki, böyle bir insan dünyadan ayrılmak ister mi? Bırakmak ister mi o çok sevdiği putlarını ve haz objelerini?

Bırakamaz elbet. Ancak putları az olan insan için bile bu kolay değildir. Sevdikleri, sorumlu oldukları vs. diye başlayan uzun bir listesi vardır.

Çözüm dünya malına, varlığına uzak durmak değildir elbet. Çözüm emanet olanın bize sahip olmasına izin vermeden ihtiyacımız **kadar kullanmaktır**. Zor olan ise bunun ölçüsü, dengesi ve hakkaniyetidir zaten.

O yüzden dağda, bayırda değil de şehirde nirvana zordur. Dağda izole bir şekilde ermek zor olsa da şehirdekine göre daha kolaydır. Zira şehrin bozucu ve zorlayıcı girdileri çok daha fazladır.

Camilerde "mülk O'nun" yazar ama çoğumuz elimizdekilerin emanet olduklarını bilmeyiz. Halil Cibran'ın dediği gibi çocuklarımız bile bizlere emanettir. Tüm kalbimizle sevecek, ama onları bile **putlaştırmadan sevmeliyiz**. Yine denge, yine denge. İşte Buda'nın da bahsettiği o ulaşılması zor olan **Orta Yol** hiç kolay değildir. Hayat tiyatrosunun zıt kutuplar arasında cereyan eden gelgiti insanı bir o yana bir bu yana savururken dengede kalmak **bilgelik** gerektirir.

Orta Yolu bulan kişi, kalıcı başarıyı sağladığı vakit bir de gönlünü daimî ve Mutlak olan Yüce Yaradan'a bağladı mı, artık **dış referanslardan değil kendi iç referanslarından beslenen** bir kişi olur. İşte o vakit **kalbinde veled-i kalbi, ilahi Aşk'ı, Agape'yi, Para Bhakti'yi doğururur**.

Böyle bir insan nasıl korkar ki Allah'tan ya da ölmekten?

Her baktığı yerde O'nu gören, her nefesinde O'nunla olan için yer, zaman, mekân, alem fark eder mi?

Hatta fiziksel alemdeki tek kafesindeki varlığının ötesinde ruhunun daha özgür ve hür olarak O'na kavuşacağı üst, süptil alemlere geçmek bir lütuf olur.

İşte Hz. Mevlana'nın ölüm anına bile Şeb-i Arus yani "**düğün gecesi**" olarak bakmasının sebebi naçizane kabımla kısıtlı algıma göre budur. **Lütfu kahrı bir gören, zıtlıkları birleyen, farklardan, makamlardan, alemlerden öteye geçen için ölüm diye bir şey yoktur** çünkü zaten ölmeden önce ölmüş, bir **tırtıldan kelebeğe** henüz dünyada yaşarken geçmiştir.

**Hz. Mevlana'nın ölüme bakışından kendime çıkardığım ders dünyada hiçbir şeyi put etmeden yaşamak, ölüm korkusundan sıyrılarak, insanı merkeze koyarak, her şeyi aşk ile yaparak yaşamak, iyi, doğru, güzel ve faydalı amellerde bulunmak, bu amelleri akıl, hikmet, kuvvet ve güzellikle gerçekleştirmek ve bunları adap, edep ve güzel ahlak ile yapmaktır.**

Yani kendi bahçemizi yarın ölecek gibi temiz tutmak, ama hiç ölmeyecekmiş gibi de yeni çiçeklerle güzelleştirmektir.

Dilerim öyle olsun.

# YAPAN, YAPTIRAN O

*"Bütün insanlar mevla sayılır;*
*Çünkü onlar Allah'ın kazasına göre bir iş yapıyorlar."*
**İmam Şatıbi**
**(kitap: Niyazı-i Mısri, İrfan Sofraları, s.34))**

Çoğu zaman halk arasında söylenene bir laftır. Bir şeyler iyi gittiğinde veya kötüleştiğinde insanlar birbirlerine kendilerinde daha büyük bir gücün, bir üst iradenin olduğunu hatırlatmak için söylerler bu lafı.

Her ne kadar bu sonsuz ve kusursuz düzende işleyen kâinatın sahibi olan Yüce Yaradan'ı düşünerek bu lafı söylesek de yine de bir türlü kendimizi olan bitenin kaosundan çekip alamayız. Hadiselerden, insanlardan, hayatın akışından olumlu veya olumsuz etkilenir, bir o yana bir bu yana savrulur dururuz.

İnsanın ruhsal gelişimine dair bir yol haritası sunan Tasavvuf'ta "**nefsin mertebeleri**"nde **nefsi raziye** diye bir makam vardır. Bu makam "**tevhid makamı**"dır. Birlik makamı demektir. Yani, **kişinin kendini olduğu gibi kabul ettiği, olayları olduğu gibi kabul ettiği, hayatı olduğu gibi kabul ettiği bir makamdır**. Hatta kabulün de ötesinde hayatı cemali ve celali, olumlu ve olumsuz her şeyiyle, her yönüyle **RIZA** ile karşıladığı bir haldir.

RIZA makamına gelmeden "yapan yaptıran O" sözü söylense bile lafta kalır, uçar gider. Ancak bu makama gelenler için hal ve durum farklıdır.

Bunu nasıl anlarsınız peki?

İçinizde sonsuz bir **İMAN**, her şeye sonsuz bir **ŞEFKAT**, İlahi Nizam ve kâinata sarsılmaz bir **TESLİMİYET**, içten gelen sebepsiz büyük bir **NEŞE** ve büyük bir **TEVAZU** varsa bu makam sizde filizlenmektedir.

Kaç kişi böyle bir makama erişebilir ki hayatta, tüm bu hayatın bitmeyen kargaşaları ve gelgitleri içinde?

Çok az değil mi?

"Yapan yaptıran O" sözü hemen teslimiyeti çağrıştırıyor. Peki, teslimiyet ne demek diye bakıp biraz zihinsel pratik yapalım öyleyse...

Teslim olan kişi odur ki, bu dünyaya bir **kaderi plan** ile kendi seçimiyle geldiğini bilir ve bu dünyada yaşadığı her şeyin kendi kaderi planını deneyimlemek üzere yaşandığını bilir. Bilir ki, her yaşadığı bu hayat okulunda **ruhunun olgunlaşması** sürecinde alması gereken derslerdir. Bazı **dersler** zordur, bazılar ise kolaydır, ancak **her dersin bir amacı** vardır.

Teslim olan kişi odur ki, hayattan ne istediğini değil, neye ihtiyacı varsa onu alacağını bilir. Ancak niyetin kısmetin çocuğu olduğunu da unutmayarak, kendi cüz'i iradesi ile **haddini, aczini ve fakrını bilerek** istemeye devam eder. Bilir ki, **niyet, gayret ve kısmet** olmadan kul bir sonuca varamaz.

Teslim olan kişi bilir ki, insana **izin** verilmeden insan hiçbir şey yapamaz.

Teslim olan kişi odur ki, iyi ya da kötü, güzel ya da çirkin, doğru ya da yanlış, adil ya da adil olmayan diye bir şey yoktur onun için. **Her şey iyi, her şey güzel, her şey hayırdır** onun için. Bilir ki yaşananlar, insanlar hepsi sadece vardır ve onları iyi-kötü, güzel-çirkin, doğru-yanlış diye yorumlayan sadece insan aklıdır. Zira **varlık veya var oluş sadece nötrdür**.

Teslim olan kişi odur ki, hayatında geriye baktığında yaşanan **her şerrin bile bir hayra vesile olduğunu görür** ve kalbiyle inanır. İman eder. Bu kalben bilme haliyle bundan sonra yaşayacağı her şeyin de olduğu gibi olacağını, her yaşananın onun ihtiyacı olduğunu, her şeyin hayırlı olduğunu bilir. Bu yüzden de her şeye rıza gösterir, hayatla **mücadele etmez**.

Teslim olan kişi odur ki, artık hayatla, diğerleriyle ve kendisiyle mücadele etmediği için ne geçmişin esiridir ne de geleceği tasarlamaktan bugünü yaşamayı kaçırır. O kişi **an'da ve akış'tadır**. Sadece ama sadece şimdiyi **yaşar** ve an'nın sonsuz ve **sebepsiz mutluluk** havuzunda hayatı bir **tanık zihniyeti** ile seyreder.

Teslim olan kişi bilir ki, kendisine tanınan **cüz'i irade** gittiği yolda ona kulvar seçme şansı verir. Geçmişine baktığında, hayatındaki önemli ve hayatını değiştiren kavşak noktalarına baktığında ilahi bir gücün kendi beşerî ve dünyevi iradesi dışında ona **seçim** yaptırdığını görür. Bu öyle bir seçimdir ki, o yaşanan şey kişinin bir karar almasını sağlamış ve kişi sonra kendi yaşamında yepyeni bir sayfa açmıştır. Bilir ki, işte bu **kavşak noktaları** sayesinde yeni yollara girmiştir ve o yeni yola girmesini sağlayan kendisi değil, ilahi düzendir. Bilir ki, o kavşak noktasında kendi kaderi planına göre yeni bir düzenleme yapılmıştır.

Teslim olan kişi odur ki, hayatın kavşak noktalarında idare ilahi düzende olduğu için bundan sonra da yaşayacağı her şey kaderi planını bu dünyada tecrübe etmesi için yaşanacaktır. Bilir ki, **mücadele etmeden** an'da ve akış'ta olarak **hayatı deneyimlemekten** başkası yoktur.

Teslim olan kişi odur ki, kendisine verilen cüz'i irade gereği kendini kaderin akışına rüzgâr önündeki yaprak gibi bırakmaz. Niyetinin kısmetine işaret ettiğini bilerek her gün **bir samuray gibi kusursuz bir <u>görev bilinciyle</u> elinden gelenin en iyisini yapmaya çalışır.**

Teslim olan kişi odur ki, elindeki her şeyin kendisinin olmadığını, her şeyin **emanet** olduğunu bilerek, **karşılık beklemeden verir.** Mal, mülk, makam, paye, ödül, takdir, onay gibi tüm maddesel putlarını yıkmıştır.

Teslim olan kişi odur ki, hayatta her daim **daha iyi seçeneklerin olduğunu bilerek** kendisi kurban sendromuna sokmak ve bolluk bilinci ile hayatını yaşayarak **Allah'ın rızasını alamamaktan başka hiçbir şeyden korkmaz.** Korkmak tabirini kullanmak burada pek de doğru olmuyor. Zira sav sevgi ve ışık olan Allah, kullarına sevgisinden ve merhametinden başkasını ikram etmez ki. Bizim beşerî olarak korkmaktan ziyade O'nun rızasını alamamaktan çekinmemiz doğrusudur.

Teslim olan kişi odur ki, **bolluk bilinci**ni kalbinde hissettiği için bilir ki kurdun, kuşun rızkını veren Allah, kendisinin de rızkını verecektir. Kendisi de gerektiği gibi gözetilecektir. O yüzden **sadece doğru olanı güzel ahlak ile yapmaya çalışır**.

Teslim olan kişi odur ki, uzay-zaman mekaniği ile dokunmuş bu fiziksel kâinatta her şeyin zamana ihtiyacı vardır, aynı bir çocuğun anne rahminde büyümesi gibi. Bilir ki, kısmetine işaret ettiği niyeti kendisinin **istediği zaman değil, evrenin onu hazır gördüğü zaman verilecektir**.

Teslim olan kişi odur ki, yola çıkmadan yoldaki fırsat ve imkanları önceden göremeyeceğini bilir. Yüce Yaradan'ın ve kader-i planının neler getireceğini henüz göremez, bilemez. Bu bilinmezlik halinde yola çıkmaktan ne korkar ne de imtina eder. Bilir ki, yola çıkmak başarmanın yarısıdır ve tüm **bilinmezlik** kaostan düzene geçerek yaşamı oluşturan Büyük Patlama anı gibi sonsuz güzellikler ve fırsatlar barındırmaktadır.

Teslim olan kişi odur ki, hayatında neyin önemli olduğunu ve ne istediğini bilmenin dışında, uzun vadeli ve aşırı detay planlar yapmaz. Her türlü plana uyumlanabilecek denli **esnek** ve mutluluk halindedir. Hatta plandan bağımsız bir mutluluğu vardır artık. Az planlar, çok yaşar. Pusuları değerleri, saf vicdanı ve hayalleriyle kendini ona belli eden yaşam amacı olur.

Teslim olan kişi odur ki, **hedef dediği şeyin hareketli bir hedef olduğunu bilir**. İnsan yaklaştıkça hedef de uzaklaşır. Mükemmel olanın sadece Allah olduğunu bilerek **hiçbir şeyde mükemmellik aramaz ve olanı olduğu gibi kabul eder.** Zaten var olan her şey en mükemmelidir. Sadece elinden gelenin en güzelini ve en iyisini yapar ve akışta olur.

Teslim olan kişi odur ki, sadece cemali değil, hayatın celali yönünü de aynı güzellikle kavrar ve kucaklar. **Cemal ve celal yoktur onun için**.

Teslim olan kişi odur ki, hayatta her zaman bir sinüs eğrisi gibi iniş ve çıkışlar olacaktır. Çünkü hayat zıtlıkların dansı üstüne kuruludur ve bir yön olmasa veren çöker. O yüzden zıtlıkları bir **fırsat** olarak görür. Hepsi bir öğrenme fırsatıdır.

Teslim olan kişi odur ki, zıtlıkların dansına sahne olan alemde bir denge halinin sonsuza dek sürmeyeceğini bilir. Bilir ki, evren **dinamik denge** üstüne kuruludur ve **entropi** yasası gereği her denge bozulacak ve bozulan denge tekrar tesis edilecektir.

Bu yüzden, dengeleri korumak için mücadele etmez, kendi gibi hayatı rıza, iman, şefkat, neşe, tevazu ve hayret ile yaşayarak hayat ve hayat akışı ile uyumlanır.

Teslim olan kişi odur ki, **zorlayarak bir şey olmayacağını bilir**. Şartları zorlamak ile amacına obsese olmak arasındaki farkı bilir. Bırakması gereken zamanı bilir. Her şeyin bir zamanı vardır. Bilir ki hayatın inişinde çıkamaz, çıkışında da inemez. Hayatın akışına uyumlanarak **yapmadan yapma, bilmeden bilme, olmadan olma** sanatını öğrenir. Kadim Çin Taoizm'inde buna "**wu wei**" derler.

Teslim olan kişi odur ki, hayatın gelgitleri kendisini ne denli savurursa savursun, duygusal ve zihinsel olarak içsel sarkacı asgari düzeyde salınıyorsa her daim cenneti dünyada tesis etmiştir. Duyularıyla temas kurduğu fiziksel dünyanın maddesel unsurlarıyla artık duygusal özdeşleşme yaşamaz. Bilinç haritasını İlahi Aşk dışında her şeyden temizlemiş her şeyi İlahi Aşk'ta birlemiştir.

Teslim olan kişiyi teslim olmayan benim gibi acizane hakikat aşıkları uzun uzun anlatsa da anlatamazlar. Zaten olan kişi konuşmaz.

Her şeye, her varlığa ve her yaşanana var olduğu gibi razı olabilmek ümidiyle...

# ELİNİ KIR, KAFANI KIR AMA GÖNÜL KIRMA

*"Kalbi kırmaya tek bir söz yeter, ama kırılan kalbi tamir etmeye ne bir özür ne de bir ömür yeter."* - Charles Bukowski

*"Ya kırdığın gönlü Allah seviyorsa? Bilemezdin, bilseydin ödün kopardı; dokunamazdın."* – Hz. Mevlâna

*"Bir gönül yapmak gelmiyorsa elinden, bari bir gönül yıkılmasın dilinden."* – Hz. Mevlâna

*"Kalp kırmak yetmiş kere Kabe'yi yıkmaktan daha büyük günahtır."* – Hz. Muhammed

*"Bir kez gönül yıktın ise, kıldığın namaz değil Yetmiş iki millet dahi, elin yüzün yumaz değil."*
– Yunus Emre

Günümüzün **hız, haz ve tüketim sarmalı** içinde can çekişiyor modern insan. Avrupa ve İngiltere'de başlayan sanayi devrimi ile artık eski zamanların lüks denen mal ve malzemelerini toplumların hizmetine sunuyor.

"Parayı veren düdüğü çalar" demiş ya Nasreddin Hoca. İşte o misal, parası olmayan dünya nimetlerinden faydalanamıyor bu modern sanayileşmiş düzende. Onca felsefe, sanat ve entelektüel birikimimize rağmen, hala parayı veren düdüğü çalıyor.

Para bu denli önemli bir kilit olunca bir bakıyorsunuz ki, modern Cro-Magnon adamı içindeki hayvana gem vuramaz hale geliyor. Napolyon gibi "para, para, para" diye kendi çıkarını maksimize temek çabası peşinde koşup gidiyor.

Dünya okulunun sonsuz sayıdaki illüzyonlarından en majör olanlarından birisi olan paraya kendi ruhunu satıyor.

"İlla ben, illa ben" diye kendi kazancı için bazen bencil, bazen kinci, bazen gönül kırıcı oluyor. Hatta kendi çıkarına karşı davranana kendisi haksız bile olsa zulmedebiliyor.

Aman dışarıdan güçlü ama içte boş olan egosuna dokunmayın. Bir dokundunuz mu pire için yorgan döşek yakar hale gelir. Her şey yanıp kül olunca da ne yaptığını hatırlamaz.

> *Yere, göğe sığmam, fakat mü'min kulumun kalbine sığarım.*

Oysa her şeyin gelip geçici olduğu, bizlere emaneten verildiği bu dünyada gönül kırmaya ne gerek var?

İnsanları kırmadan da kişi istediği amaçlara ulaşamaz mı?

İlle de kaba güç kullanarak mı emeline ulaşabilir insan?

Sanmıyorum, bizi Yaradan kendi nefesinden üflediyse, kuvveti kaba haliyle kullanmak makbul olmasa gerek.

**Ne deniyor hadiste?**

**"Yere, göğe sığmam, fakat mü'min kulumun kalbine sığarım."**

**O zaman, gönül kırmamak lazım elbet.**

Tersini düşünelim bir de. Bir şeyi gönül kırarak mı yaptırmak mı daha kolaydır, yoksa gönül alarak mı?

Güç kullanmanın her zaman bir bedeli vardır. Tarih bunu defalarca yazmıştır. Kontrolsüz güç, güç değildir ve güç kullananı yakar. Hemen olmasa da zaman içinde o an ezileni isyana sürükler ve bir süre sonra düdüklü tencere patlar.

O zaman güç kullanmak yerine, insanları dahil ederek, fikirlerini sorarak, birlikte çalışarak çalışmak ve yaşamak daha kolay. Yeri geldiğinde özellikle organizasyonlarda hiyerarşi gereği her şey tartışma konusu edilemeyebilir, ancak bu durumda da emir vermek yerine yine gönül kırmadan talimatlar verilebilir. Yeter ki, böyle bir durumda talimatı veren kişi geçmiş hal ve tavırları ile çevresine güven vermiş olsun.

Her şey niyete çıkıyor dostlar. Hayat okulunda nice gelgitler olacaktır. Bu gelgit bizi her iki yöne de bazen yavaş bazen de kuvvetle çarpacaktır. Nice kötü ve iyi insanlar bizi ve sabrımızı sınayacaktır. Dünya okulunun sınavları bitmez. Dünya, rahat yeri değil.

O zaman, tahtaya vurunca tahtanın ses verdiği gibi, bize karşı duran her şeye de düşünmeden tepki vermemek lazım.

İnsan tahta mıdır ki, tepkiye hemen tepki versin. Tahta tahtadır ve onun vazifesi tahta olmaktır. Cüz'i iradesi yoktur. Vurulunca ses verir hemen. İnsan ise cüz'i iradeye sahiptir. O zaman da etkiyle tepki arasına her zaman bir düşünce aralığı sokabilir. İşte bu düşünce aralığı kullanarak içgüdüleriyle hareket etmemeye başlayan insan değişimin anahtarını elinde tutar.

Gönül kırmadan hayat okyanusunda yüzmek ve hayallerimize ulaşmak dileğiyle...

# BİRLİK ve BÜTÜNLÜĞÜ NE BOZAR?

Günümüzün en büyük sorunu belki de birlik ve bütünlükten uzak yaşamamız. Herkes kendine dönük yaşıyor. İlla ben, ille de ben diyor. Bireysel ve kendine dönük bir yaşamda sadece kendi konfor alanını korumak sadece kendi sözde mutluluk alanını korumak adına kuralına uygun yaşanıyor. Bu birlik değil, sadece birliktelik. Herkesin kendi çıkarını maksimize etmeye çalıştığı ve bu çıkarların riske girdiğin hemen bozulan bir birliktelik bu. Ve dolayısıyla da sığ, acınası bir birliktelik. Sözde bir birliktelik.

Peki, **birlik olsa savaş olur mu?**

**Bütünlük olsa kavga, çatışma olur mu?**

**Ayrı, gayrı olur mu?**

Birlik derken beraberlikten, birliktelikten bahsetmiyorum. Zira beraberlik farklı unsurların yan yana olması halidir. 1/7 çarpı 7, nasıl tam olarak 1 etmez ise, işte bu misal, parçaların toplamı da hiçbir zaman 1 etmeyecektir.

Ancak tüm evrene baktığımızda bir şekilde tüm görünen ve görünmeyenden tecelli eden Allah, tüm tezahüratın toplamından sonsuz kere sonsuz büyüktür ve bu parçalar okyanusa karışan damlalar gibi bir bütünlük içindedir.

O zaman birlik dediğimiz şey sadece fiziksel bir şey olmasa gerek. Bu hamura mana, Aşk gerek. Manadan gelen **anlam ve Aşk** lazım ki, bütünü oluşturan parçalar birlik içinde olsunlar ve eskiden hep tam ve bütün oldukları zamanki birlik haline dönebilsinler.

Bu durumda **BİRLİK**, yani Tasavvuf'taki **tevhid**, bir haldir ve BÜTÜNLÜK ise birlik halinin eksiksiz ve noksansız tamamlanmasıdır. Birlik ile başlar, bütünlüğü sonra sağlarız. Bütünlük bir tamamlanma durumudur. Bütünlük, noksansızlıktır.

Ne güzel demiş Hz. Mevlâna...

*"Beri gel, daha beri, daha beri. Bu yol vuruculuk nereye dek böyle?*

*Bu hır gür, bu savaş nereye dek? Sen bensinişte, ben senimişte.*

*Ne diye bu direnme böyle ne diye?"*

Harika sözler bunlar. Damla okyanustan bir parçaysa, damlalar arasındaki bu hır gür niye?

Bu hır gürdür ki birliği bozar, tevhidi bozar. Hz. Mevlâna birliğin panzehrini de vermiş; **RIZA**. Yani olanı olduğu gibi kabul etme hali. Ne eksik ne de fazla. Olanı olduğu gibi kabul etme hali.

O zaman **birliği bozan da kabul etmeme halidir, yani inkâr**.

Daha da açalım o zaman. İnsan kabul etmediğini nasıl anlar?

Kabul etmediği zaman yukarıda Mevlana'nın sözünde bahsettiği gibi artık teklik, birlik yoktur, sen ve ben ve hatta ötekiler vardır. Tüm farkların "ben, ille de ben" deme hali vardır. İşte o zaman birlik yoktur, çokluk vardır ve bu öyle bir çokluktur ki farklı renk ve sıfattaki parçaların her biri bir diğerini inkâr eder, çünkü sadece kendileri kendi benlikleri doğrudur. Bir başka doğru yoktur. Hz. Adem'e secde etmeyen şeytan gibi kendi nefsleri de ruhlarının nurani hakikatine secde etmez ve özlerini inkâr eder. İşte o an ruh aynaları paslanır, kir tutar ve ilahi nuru yansıtamaz olurlar.

Biraz daha açalım o zaman. İnsan nasıl ayrılık, gayrılık yaratır kendinden başkaları ile?

* Şikâyet ve dırdır ederek
* Yargılayarak ve suçlayarak,
* Eleştirerek
* Müdahale ederek ve kendince düzeltmeye çalışarak
* Mecburiyet dayatarak ve zorla yaptırarak
* Had bildirerek
* Kıyaslayarak
* İçerleyerek
* Azarlayarak
* Öfkelenerek
* Etiketleyerek ve ad takarak

- İzole ederek
- Ders vererek ve nutuk çekerek
- Kızmak ve darılmak, gönül koymak ile
- Başkaları hakkında sevmeyecekleri doğru olmayan hikayeler anlatarak
- Bir başkası aleyhinde konuşarak ve kötüleyerek.

İşte size bir liste. Varın gerisini siz tamamlayın.

Ne yapabiliriz o zaman peki?

- Göz ile bakarken, kalp ile görünenin ardındaki görebiliriz
- Gördüğümüzü örtüp, görmediğimizi söylemeyebiliriz
- "Elini, kafanı, kolunu kır ama gönül kırma" önerisine uyabiliriz
- Elimize, belimize, dilimize sahip olabiliriz
- Nefsimizin esaret zincirlerini vicdanımız ile kırabiliriz
- Bu Dünya'da "ah" almadan yaşamaya çalışabiliriz
- Yıkmadan, kırmadan, güzellikle gönüller yapabiliriz

**"Dervişliğin desturu kendini yok etmektir, tevhidi değil"** derler. Bizler Anadolu nuru ile yoğrulmuş bu topraklarda modern bir derviş misali, birliği ve bütünlüğü...

...olanı ve her insanı olduğu gibi kabul ederek,

...Dünya Okulu'nun tüm cemali ve celali sınavlarını ölümsüz olan ruhumuzun tekamülü için bir fırsat bilerek ve

...elimizden gelenin en iyisini, en güzelini, doğruluk, adalet, erdem ve faydalılık ile yapalım.

Başlamak için tek yapman gereken şey, KABUL. Sorgulamadan yapılan kabul değil, tüm hakikati iyisiyle kötüsüyle görerek kabul.

---

**Dervişliğin desturu kendini yok etmektir, tevhidi değil.**

---

# GÖNÜL İLE SEVMEK

Bir göz vardır radar gibi kusur arar
Aslında algıladığı kendi kabı kadar
Keşke ektiğini biçeceğinden olsa bir haberdar
Böylesine cennet bile gelir dar

Başka bir göz daha var
Her baktığı yerde öğrenecek şey arar
Görünenin ardındaki manayı anlar
Kalbi hakikatin nuru için atar

Bir kalp vardır taş gibi
Peygamber çıksa almaz dersini
Sevemez bile kendisini
Düşün sen artık gerisini

Bir gönül vardır kalpten de öte
Güzellik görür baktığı her şeyde
Bilir ki O tecelli eder baktığı her eserde
Ve de nur saçar çevresine

# "HAYATA ŞAHİT OLMAK" NE DEMEK?

İlk kitabım yayınlandığı zaman dostlarım ve arkadaşlarımla paylaştığım bir e-postaya bir arkadaşım "ne mutlu bizi şahit seçmişsin" diye cevap atınca bu yazıyı yazmaya karar verdim. Şahit seçmek... Şahit olmak.

Ne muhteşem bir kelimedir bu. Sakın olan bir suça veya suçlunun yaptıklarına mahkemede şahitlik yapan bir tanık ile karıştırmayasınız bunu. Bu kelime öyle bir kelime ki aslında insanoğlunun kendini gerçekleştirmesinde en üst basamaklara işaret ediyor.

Nasıl mı? Dilim vardığınca anlatmaya çalışayım....

Tüm bu yaşam cümle alem gelip geçici bir tiyatro sahnesi ki var olma sebebi ruhun olgunlaşarak Allah'a vuslata varması. Okyanustan kopan damlaların okyanusa geri dönmesi gibi düşünebilirsiniz. Ancak anlaşılması zor olan şu ki, kopuş diye bir şey yok aslında ve hiç de olmadı. Bu sadece beşer olanın Mutlak ve Bir olanı idrak edememesinden dolayı bir kozmik illüzyon.

Bu fani yaşam beşerî açıdan bakılınca düzenli değil, basit değil, kesinlik içermiyor. Tam tersine değişken, belirsiz, karmaşık ve bilinmeyen bir doğaya sahip beşeriyat için. İlahi planda ise rasgelelik yok, düzensizlik yok, kaos yok. Her şey belli ve biliniyor.

Kozmik illüzyona kendini kaptıran ruh bir de enkarne olduğu bedene kendini kişilik illüzyonuna kaptırarak ruhsal Öz'ünü unuttu mu, kendini kişiliği sandı mı, işte o zaman başlıyor matrix yaşamı ya da nefsi emmare hayatı.

Kendini dünya illüzyonuna kaptıran için sadece gelen tepkiye etki var. Ensesine vurulan bir insanın ensesine vurana dönüp vurana bakmadan tokadı yapıştırması gibi bir hal bu. **Arzu, istek, şehvet, öfke, hırs, açgözlülük, tembellik, oburluk** vs. vs. gibi adlandırılan günahlar da ilahi potansiyeli kendi içinde barındıran, Tanrı suretinde yaratılan insanın dünya yaşamında düşebileceği kötü durum ve hallerin tanımlanmasından başkası değil.

Kısacası dünya illüzyonunun kölesi olan için yaşam bir mücadele. Herkes bir tehdit, kendisi ise kurban. Herkes suçlu, hatalı, kusurlu, yanlış ona göre. Sadece kendisi iyi, doğru, güzel. İnsanın kendine ayna tutmadan yaşadığı, her daim kendini haklı görerek olan bitenle ve çevresindekilerle savaş halinde olduğu bir acınası hal bu.

Heyhat...

**Bu mudur peki "bilen insan" diye kendini adlandıran Homo-Sapiens'in potansiyeli?**

**Elbette ki hayır.**

Zıtlıkların kozmik dansı üstüne kurulu bu alemde gölgeler olduğu kadar ışık da var. İniş olduğu kadar çıkış da var. Zaten zıtlıklar olmasa teklik olur o da Allah'a mahsus bir tek. O zaman zıtlıklar her daim biler için olacaktır ve celal de cemal de Allah'tandır.

Peki nedir insanın üst potansiyeli? Kâmil insandır. Ya da diğer öğretilerdeki adıyla Hz. İnsan'dır, Adam Kadmon'dur, Jivanmukti'dir, aydınlanmış insandır...

Kâmil insan artık tüm bu hayat mücadelesi içinde hiçbir şeyle mücadele etmeyendir. Olanı oldurandan, yapanı yaptırandan bilerek her şeye razı olandır.

Olanı olduğu gibi kabul etmek, geçmişimizle barışmak ve geçmiş travmalardan arınmak, Allah'a, kaderi plana ve İlahi Düzene ve Adalet'e iman ederek geçmişe tevekkül ile aktif teslim olmak ve de gönül kırmadan yaşayarak kendimize karma çekmeyerek geçmişte kırdığımız gönülleri alarak helalleşmek... Bunları yapan zaten hayat mücadelesini bitirir çünkü hayatta mücadele edecek bir şey yoktur onun için.

Hal bu olunca ne olur peki?

Hayat sadece yaşama tanıklı etmek, şahitlik etmekten ibaret olur. Kâmil insan pasif değil aktif bir teslimiyet içindedir. Elinden gelenin en iyisini, iyilik, doğruluk güzellik, adalet ve hizmet ile her daim yapar ama her yaptığı İlahi Rıza'nın takdiridir artık.

Çünkü gönül aynası ilahi hakikati kir ve pastan arınmış bir halde tam olarak yansıtabilmektedir. İşte bu yüzden an'da, akışta ve ilahi Aşk ile yaşar ve bir bebeğin saflığı ve temizliğiyle hayatı deneyimler, cemalinden de celalinden de keyif alır, olana duygusal olarak özdeşleşmeden şahit olur bir film izleyicisi gibi.

Anlattıklarım doğru gelmiyorsa şöyle düşünün bile hele...

Kötü hissettiğiniz zamanlarda normalde sevdiğiniz bir işi bile yapmak içinizden gelmiyor, değil mi?

Ya da baskı altında ya da depresyona girdiğinizde hayattan tat almıyorsunuz, değil mi?

Sorular fazlalaştırılabilir ancak olumsuz duyguların kapanına girdik mi bir kere hayat denen mucizeyi göremeyerek kendi beynimiz içinde dönen düşüncelerimizi kölesi olmuyor muyuz?

Burada kilit kelime duygusal özdeşleşme tuzağına düşmemektir.

# KARANLIKLARDAN AYDINLIĞA

Sabah kalktım bir sis var şehirde
Heyhat. Üzülürüm karanlık gibi inen bu sise
Çünkü bilmez ışık oldukça ne karanlık ve sis vız gelir bize
Cehalet, dogma ve taassup hâkim olamaz hakikati taşıyan
ellere

Hayat diyalektik olarak iniş çıkışlarla dolu
Zıtlıkların dansı hakikate vardırır, sen yeter ki mesajları oku
Her bir hakikat gösterir yolu
Sen ararken bir gün bulursun yolu

İşte o gün gelince taşar yüreğin
Hakikatin nuru vurunca gönle dönüşür kalbin
Sen razı olunca sana da yolları açık eder Rabbin
Artık o vakit hakikatleri şakıyan sen değilsin, konuşan Rabbin

# HAKİKAT İLE GELEN ÖZGÜRLEŞME

Onca bilgi ile hala özgürleşemiyorsan korkuların var demektir

Bir Yezidi'nin içinden çıkamadığı kendi yere çizdiği ateş çemberinden atlayıp kaçamaması gibi

İnsan istese kaçabilir, ama yapamaz

Koskoca bir filin incecik ip ile bir tahtaya bağlı köle yaşamı gibi

Aklın özgür ise ne ip ne halat ne de ateş çemberi tutabilir seni

**Tek bir gerçek var; hakikat**

Tek bir yaşamın var, her an yaşanan ve telafisi olmayan

İdrak ettin mi bir kere hakikati

Mucizeler vardır her an kendini bir çiçek gibi açan

Yaşam tiyatrosu vardır her sahnesine tanık olunan, yargılamadan

Bolluk, bereket, Aşk vardır artık

Seçimler vardır, mecburiyetler değil

Değiştiremeyeceğin şeyleri bile sevgiyle kabul vardır, gelen O'ndan geldi diye

Gelenin yeri hazırdır, gidenin de yolu hazır

Her şey saçlarını yalayıp geçen yaz meltemi gibi seni etkilemeden geçer gider artık

Geride ise sadece bir gülümseme, hayret ve minnet kalır

# BAKAN, BAKTIRAN KİM?

Baktığın yüzlere dikkat ettin mi bir söyle
Bilir misin gözler ne söyler o yüzlerde
Sanma ki sakın basit bir bakış vardır o gözlerde
Bakana değil baktırana bak o gözlerde

Bakan sen mi sanırsın
Sena bakan sureti sadece beşer mi sanırsın
Yapma sakın, yoksa aldanırsın
Suretlere takılıp sireti kaçırırsın

Bu hayat madde ve şekil dersen, karışman sana
Ancak üzülürüm uzaktan seyretmeyi bu aldanışa
Zira boşa geçecek kalbinle bakmazsan hayata
Sen gel, bakana değil odakla artık şu sana baktırana

# KALBİN HİKAYESİ

Gül kalbe sormuş, neden kalpten gelen güllerle anlatılır diye
Kibir yapmış gül, önemini kalbe göstermek istercesine
Kalp bu, duyguların kaynağı, ne yapsın
Susmuş süre, hal ile konuştuğu anlaşılsın diye

Gül bakmış ki eskiden bakanlar bakmaz olmuş
Aşkı ilan için gül verenler gelmez olmuş
Gül satıcıları artık sokaklara uğramaz olmuş
Aşk için değil seyir için daha az alıcısı olmak ona koymuş

Düşünmüş bizim gül "ben nerede hata yaptım diye?"
Anlamak istemiş tüm bu değişiklik niye
Düşündükçe fark etmiş ki, kibrinden dolayı gelmiş bunlar habire
Ve fark etmiş olan her şey anlasın diye ona bir hediye

Düşmeden kalkmak olmadığı idrakine varmış
Hata yapmadan öğrenmek olmayacağını da anlamış
Şükretmiş veren ve verdirene
Çünkü hakikatinin artık farkına varmış

Varsa bu alemde düaliste
Gidip düzeltmeliymiş hatasını yaşananlar boşa gitmesin diye
Zira konu hata yapmak ya da yapmamak değilmiş kalbe
Önemli olan hata yapsan da düzeltmekmiş hemence

Gitmiş hemen kalbin yanına koşmuş
Hatasını anlayıp susan kalbe konuşmuş
Ey kalp, sen Aşk ile dol ki kalp gönül olsun, aşıklar güle kavuşsun
Kalp içinden konuşan gülü duyunca coşmuş

Ne kalp ne de gül
Hepsi bu dünyada ödül
Yeter ki sen hepsinin aracı olduğunu gör de coşsun virane gönül
Gördün mü artık, Güneş ışık vermezse ne dolunay ne kalp kalır ne de gül

# OLAN HER ŞEY EN GÜZELİ Mİ?

Bir an gelir de kendini yapamadıklarından ötürü suçlarsan şunları söyle kendine güzel kardeşim ve rahatla. Rahatla çünkü olan her şey en güzeli, en hayırlısı. Neden mi?

Oku o zaman...

Kusura bakma sana kardeşim diye hitap etmeme lütfen, zira benim sana kardeşim diye hitap etmem okyanustan gelen damlalar olarak ruhsal kardeşliğimizi beşer aleminde sadece gönlüne fısıldamaktan ibaret...

Olan her şey olduğu gibi güzel.

Zaten başka türlü olamazdı.

Çünkü başka türlü olabilseydi zaten o şekilde seçerdin.

Seçemediğin için zaten olması gerekenler oldu ve bugüne geldin.

Bu işin beşerî yönü.

Ancak ruhsal anlamda da tüm bu yaşadıkları ve senin seçebilecektir ve seçemediklerin senin bu dünyada sınavın.

Bu kaderi plan ile dünyaya geldin ve o yüzden hiçbir şey için keşke deme.

Acaba ile yaşama.

Olan her şeyin olduğu gibi olduğunu kalben bilerek ve zihnen idrak ederek hayatın şu an getirdiklerini olduğu gibi yaşa ve öğren.

Olan her şey senin ruhsal olgunlaşman ve gelişmek için.

Bu yüzden olan her şeye minnet et, hiçbir şeyi yargılama, reddetme, kınama, suçlama.

Sadece hayatın mesajlarını keşfet ve de kendini keşfet.

Ancak hayat sadece celali sınavları barındırmaz.

Hayat her zaman cemal ve celal ile birlikte gelir. Aynı toprağa atılan bir tohumun ileride muhteşem bir çiçek olacağının potansiyelini barındırması gibi, tohum o topraktan fışkırırken nice engeller ve zorluklara da göğüs gerer.

O yüzden bir kader ile geldiğini bil olan her şeyin senin hayrına, seni olgunlaştırman için olduğunu bil ve olan her şeyi, sonra aynı tutan her insanı büyük bir minnet ile sev.

Bu dünyada herkes seni sana buldurmak ve oldurmak için var.

# GÖNÜLLERİN BAYRAMI

Sanma ki bu dünya kalır sana bana
Meyletme dünyevi putlara tapınmaya
Sen çalış anlamaya
Yere göğe sığmayan gönle nasıl sığar acaba?

Hakikatin sırları çok konuşmaya gelmez
Sadece akıl ile bilinmez
Gönül Kabesi'ndeki Bayram idrak edilmeden bilinmez
Gönül coşmaya görsün aklın ses etmez

O zaman sakın Bayram deyip de geçme
Kendini ver gönülleri Bayram etmeye
Senin kalbinde bir kere güller açmaya görsün
Kainattaki Bayramı görürsün

Bayram bayram mıdır ki gönüller bayram olmayınca
Her Gönül bayram mıdır olana razı olmadıkça
Cevap rızadır tüm mevcudatın hakimine ve sistemine açıkça
Rıza mümkün değil insan cemalden de celalden de memnun
olmadıkça

# GEÇMİŞ, GELECEK, KADER VE DOĞRU KARARLAR

Bataklığa battın diye bataklığa kızamazsın
Bataklığın seninle derdi var sanmayasın
Sana durumları sorun eden kontrolsüz duyguların
Duygusal tepkilerinin sebebini zihin haritanda arayasın

O zaman önce seni bataklığa sokan kararlarına bakacaksın
Ancak sakın hata yaptın diye kendine kızmayasın
Lakin hata dediklerin olmasa, deneyim kazanamazsın
Bil ki bu dünyada deneyimleyerek öğrenmek için varsın

Bu yüzden dostum, geçmişe keşkelerle takılmayasın
Onun yerine "neyi farklı yapabilirdim" diye sorasın
Sorasın ki, farklı yapabileceklerini ileride uygulayasın
İleride zamanı gelince bu öğrendiklerinle uçacaksın

Geçmiş gibi geleceğe de takılma sakın
Kim geleceği bilebilir ki O'ndan başka, hatırlayasın
Biliyorsan eğer, şimdi elinden geleni bilinçli olarak yapmaktasın
Bırak kendini ana ve akışa, seni kısmetine taşısın

Kader ve kısmet zor konular deme sakın
Kalbin sana kaderini hep fısıldıyor unutmayasın
Aklın ve nefsi gölgeliyor o nurlu sesini, farkın mısın?
Niyet kalpten, arzular nesften gelir hatırlayasın

# TEZAHÜR ETTİRMENİN FORMÜLÜ

Ne haddimize "Ol" deyip de oldurmak. Zaten önceden bahsettiğim gibi Allah yoktan var eder, insan ise vardan var eder. Bizlere tanınan cüz-i irade ışığında kendi öz potansiyelimizi hatırlayarak ona sahip çıkarak Allah'ın izniyle insan da niyet ve hayallerini tezahür ettirebilir.

Son 20 yılda Secret adı altında anlatılan düşünceleri gereceğe dönüştürme veyahut tezahür ettirme sanatı binlerce yıllık Hermetik Prensiplerin çok az bir kısmını içeriyor.

Her şey önce zihinsel sonra fiziksel olarak yaratılıyor. İşte o yüzden önce niyet ile başlıyor her şey.

Ancak bu öyle bir niyet olmalı ki hiçbir şüphe içermemeli. İnanç zorluklar karşısında sapabilir ya da azalabilir ama iman şaşmaz ve sapmaz. İman, şüphesiz inançtır ve niyetinden şüphe eden tezahür ettiremez.

Hz. İsa'nın mucizelerine inanmakta zorlanan havarilerine söylediği şu söz sanırım iman ile ilgili güzel bir açılım yapabilir. **"Bir hardal tohumu kadar imanınız olsa, şu karşıdaki dağa "git" deseniz, dağ kalkar gider."** Aman Allah'ım. Bu nasıl bir iman, nasıl bir şüphesizliktir böyle? Nasıl bir Allah'ın izniyle kendinden eminliktir? İşte bu tür bir imandan, ancak hadsizlik içermeyen bir imandan bahsediyorum. Zira kibirli bir kendinden eminlik bir süre sonra yıkım getirir.

İman etmek için önce istememize izin verildiğini bilmeliyiz ve sonra isteklerimizin zaten O'nun istekleri olduğunu anlamalıyız. Zira evrende her şey tek bir ilahi amaca hizmet eder.

Bir de bu niyeti olumlu duygularımızın gücüyle şarj etmemiz şart. Zihin gerçek ile illüzyonu fark etmez. Aklınıza ekşi bir limonu yediğinizi getirin bakın bakalım ne olacak. O yüzden niyetinizi olacağından şüphe etmeden ve olmuş gibi aklınızda tüm duyularınıza hitap edecek şekilde canlandırın.

Bir niyet ruhsal alemde yaratılmıştır artık ve gebelik yasası dediğim niyet ile gerçekleşmesi arasındaki süreden dolayı size gelmesi gereken zamanda gelecektir. Bu **gebelik yasası**ndan dolayı insanlar bekleyemezler. Bekleseler de şüpheye düşerler. Bazen her şeyi tam yaparsınız da olmaz ya, işte bu yüzden. Hayat isteklerinizi siz istediğiniz zaman değil ihtiyacınız olduğu zaman verir. Bu ihtiyaç da size bağlıdır elbet.

Sadece imanla niyet etmek yetmez, bir de gayret gerek. Gayretinde başlayıp biteni şüphe tohumlarıyla bozulan inanç gibidir. **Sabır, sebat, kanaat** olmadan gayret olmaz. Öyle bir gayret ki zorluklara bile tebessüm edebilecek yılmayan bir gayret.

Niyet ve gayretle taçlanan eyleminizden sonra size kalan kısmetinizi beklemektir.

**ŞÜPHESİZ NİYET + YIKILMAYAN GAYRET = KISMET**

# - 4 -
# RUBAİLERİM

Hayat öyle garip bir oyun ki, şiir yazmayan benim gibi bir insan son zamanlarda şiir yazar oldu. 2013'te başlayan yıllık blog yazarlığı ve kitap denemelerinden sonra içinden şiir yazmaya başladım.

Ancak her bir küçük şiir denemesiyle görüyorum ki, o yanına yaklaşamayacağımız eski üstatlar, gönül sultanları az söz ile çok söz söyleme sanatını, sehl-i mümteniyi incelikle ve kıvrak bir zekâ ile kullanarak satır aralarına gönüllerin ilacını gizlemişler de biz zamanında fark edememişiz. Onlar sayfalarca yazıp da az şey söylemek yerine kısa ve öz yazıp akıllarda çok şey bırakmak, kalplerde kalıcı dönüşüm yaratmak istemişler.

Biz de çıktık bakalım şiir yazma yoluna. "Görelim Mevla neyler, neylerse güzel eyler" diyerek yakın zamanda yazdığım rubailerimi paylaşmak istiyorum.


Hakiki Bayram için
Aşk şarabından için
Yanıyor içim için için
O'na dünyadayken varmak için

**

Mekân cennet olur insan dostlarla olunca
Bakan insan mıdır bu mekâna
Huzur insanın içinde hâkim olunca
Bir an yeter insanı O'na yaklaştırmaya

**

Zordur sürüden ayrılmak
Çünkü insan özünden ayrıdır
İçine dönen için biter sahte ayrılık
Kendini bilme yolunun sonu bahtiyardır

**

Derviş-i huzur
Arar kendine bulgur
Tevazu gösterir durur
Bilir ki Yüce Rabbi buldurur

**

Bilir ki edep en yüce huydur
Kısmeti varsa orada durur
Olsa da olur olmasa da olur
Su akar yolunu bulur

**

Kendini aştı, gönüllere Aşk oldu demek
Varsın gitsin o zaman farklı diyarlara
Dokunsun insanlara olsun bir melek
Biz bekleriz merakla bize gelecek hayırlara

**

Elif geldi gönlü coştu
Kalbi melek gibi uçtu
Kolay değil bu zıtlıklar okyanusu
Bırak kendini ol bir Anka kuşu

**

Sen dokunduğun insanlarda bıraktığın izle anılacaksın
Farkındalık artırdığın insanlar, yükselmelerine yardımcı olduğun bilinçlerle hatırlanacaksın
En büyük eser aynada baktığın kişi
Hakiki üstatların başka yoktur işi

**

Hakikat peşinde koşan dostuma selam söyle
Bu dünya illüzyonu nedir böyle?
Aramadan bulunmaz hakikat öyle
Herkesin nasibi aradığına göre

**

Elimizden saldık uçsun diye
Acaba gidecek nereye
Nasibini bilen bilir elbette
Görelim Mevla neler eyleye

**

Günaydın size gönlü geniş dostlar
Yeni bir gün kendini sabah ışıklarıyla aralar
Umarım gün gelir arayanlar da özlerini kaplayan örtüleri aralar
O gün geldiğinde arayışında samimi olan hakikati yakalar

**

Hayırlısı bakalım üstatlar
İyi ki varsınız dostlar
Arayanlar erken kalkar
Aradıkça hakikatin perdelerini aralar

**

165

Sırrımızı çözebilsek
Sır olup ayna tutabilsek
Tırtılları kelebeğe dönüştürebilsek
Hepimizi daha güzel bir gelecek bekleyecek

**

Nereye yol götürür ise hayırdır
Her işte hayır vardır
"Hayır!"'larda bile vardır bir hayır
Neyi istiyorsan hayırdır
O zaman kendini teslimiyete alıştır

**

Kalbinden başka bir yerde kurtuluş yok sana
Tabii ki kurtuluş sadece arayana
Hakikatler açılır gönülden arayana
Zamanı gelince görürsün aradığın ileymişsin zaten yan yana

**

Bilmiyorum eğriyi doğruyu
Tek bildiğim izlemek gerek yolu
Usulsüz vuslat olmaz
Sabır ve selamettir işin sonu

**

Bu üstat neler der öyle
Seni tek başına koyar mıyız sefere
Bırakamayız tekâmül işini başka sefere
Hakiki Dost'u düşünürüz habire

**

Bir şeyler öğreneyim diye aldım bir beden
Bir istedim çoğunu verdi veren
Bir zaman geldi sordum tüm bu oyun neden
Arayıp bulacaksın dedi veren

**

Bir illüzyon bu hayat
Kapılma o yolcu illüzyona heyhat
Ara, ol bir üstat
Cennet olur sana o zaman hayat

**

Ahir zaman şeyhlerinden değiliz heyhat
Olsa olsa bilmeye çalışırız had
Amacımız bir tek ehad
O zaman bilelim edep ve had

**

O tekkeden eser yok galiba
İsmi var cismi yok diyarda
Anka kuşu uçmak ister uzaklara
Kuşu çağıran yok amma

**

Nerelerdesin ya Hu hakikati arayan insan
Bu alemdeki seraba kapılıyor bazen insan
Sen tüm bunları bir illüzyon san
Kurtulacaksın elbet hayale kapıldığını anladığın zaman

**

Gördün mü bir kere her yerde O'nu
Buldun mu bir kere içindeki O'nu
Kafaya takmaz artık insan onu bunu
Çünkü kurtarır sürgündeki ruhunu

**

Geç şu dünyanın ışıltısının
Bırak geride dünya malını
Düşün nedir bu hayatın anlamı
Bul içindeki kendi ışıltını

**

Hayırlısı olsun sana gönül adamı
Bu yolculuk hayrete düşürür adamı
Ama ayırır da adam ile adam olmayanı
Sen yeter ki sağlam tut çapanı

**

Aldığın oksijeni nefes mi sanıyorsun üstadım
Sen kendini sen mi sanıyorsun
Affetmek ne haddimize üstadım
Sen helallik almanın ne olduğunu sanıyorsun?

**

Kısmetin varsa istersin gönülden
Yoksa isteyemezsin kalbinden
Sanarsın kalbindir aklından geçen
Bilmezsin ki kalben istemediğin olmaz hepten

**

Coşar dururum yapayalnız
O'na inanırım yalnız
Bizler hakikat aşıklarıyız
Aczimize ve fakrımıza aşikarız

**

Potansiyelimize de elbet aşikarız
Niyet, gayret, teslimiyet ve kısmet ile yolları aşarız
Biz hakikat aşığıyız
Adap, edep ile tüm planların üstünde plan yapan O'nu ararız.

**

Gezerim Dünya denen diyarı karış karış
Aradığım hakikatin nurudur, etmem yarış
Bu sonsuz hakikati bulmak istiyorsan eğer
Ulaşman gereken tek hal içindeki sonsuz barış
Bak gör o zaman kalmaz hiçbir şey ile yarış
Kendinle ve dışarıyla yarışın olur O'na varış

**

Hayaller çok önemli hayatta
Hayat boş geçmeyecek kadar kısa
Hayallerime sebep olan sevdiklerim olmasa
Hayat denen şu oyun boş geçen bir rüya

**

Gelin birlikte hayallerimize vesile olalım
Gönülleri aşk ile dolduralım
Beşerî beşere tapanlara bırakalım
Biz uzun ince bu yolda, yolda kalalım

**

Zaten var mıydık ki O var iken
Sonuç olur mu sebep etki etmeden
İnsan beşerdir şaşar derler
O yüzden sanar ki yapan sadece "ben"

\*\*

E-mail ya da yüz yüze
Hepsi nakle bahane
Önemli olan anlamak şu beşeriyatı, gerisi bahane
Herkes kabı kadar alır derler ya
Varsın sen al e-mail ile bir diğeri sohbet ile
Asıl olan fikirleri nakşetmek kalbe

\*\*

Hep bir mücadele, hep bir mücadele
Tüm bu oyun götürür bizi nereye
Dünya'ya nefes almaya mı geldi sadece
Öyleyse yaşıyorsun heybeye

\*\*

Yaşanmaz olmadan hayaller ve beklentiler
İnsanoğlu gelecekten hep bir şeyler bekler
Gerçek olsun diye ister o hayalini kurduğu beklentiler
Olmayınca da kurban sendromu ile yerlerde gezer

\*\*\*

Dert etme gönül her şeyin bir sebebi var,
Olanın olduranın bir amacı var,
Sen geliş, büyü, olgunlaş diye var,
Yol senin için var

\*\*

170

Hamlıktan çıkana dek kabımız kadar bakıyoruz işte
İsa'nın öbür yanağını döndüğü Aşk yok henüz bizde
Tam razı olana dek tüm sözler beyhude
Aşk makamı verilir sadece sözlerini hal edene

**

Ne iyi gün dostu
Ne de kötü gün dostu
O zaman ne diye taşırsın o beden denen postu
Köftehor seni, işine gelince tabii ki de her şey hoştu

**

Sabah sabah coştu gönlüm
Hakikati şakımak isteyen bülbülüm
Ol derse olduran Rabbim
İsterse dönüşür şaraba bu üzüm

***

Neden ben deme sakın
Ya da niye oldu diye etme veryansın
Hayatın mesajını almaya bakın
Kibir ve yılgınlıktan arın

***

İpek yoluna kapılmazsan Çin diyarına varırsın
Sanma ki amacına yolda yürümeden varırsın
Yolda yürüdükçe, yüz görümlüğü ödedikçe yaklaşırsın
Hız yaparak varmaya çalışarak aldanırsın

# KAYNAKÇA

- Mahmut Erol Kılıç, *Tasavvufa Giriş* (İstanbul: SUFİ Kitap, 2014)
- Mahmut Erol Kılıç, *Hayatın Satır Araları* (İstanbul: SUFİ Kitap, 2013)
- Cemal Nur Sargut, *DİNLE* (İstanbul: NEFES Yayınları, 2014)
- Cemal Nur Sargut, *Aşktan DİNLE* (İstanbul: NEFES Yayınları, 2014)
- Cemal Nur Sargut, *Ya Allah'ın Sevdikleri* (İstanbul: NEFES Yayınları, 2015)
- Cemal Nur Sargut, *Kur'an ile Var Olmak* (İstanbul: NEFES Yayınları, 2014)
- Cemal Nur Sargut, *Açık Denize Yolculuk* (İstanbul: NEFES Yayınları, 2014)
- Cemal Nur Sargut, *Allah'ıma Sefere* Çıktım (İstanbul: NEFES Yayınları, 2014)
- Filibeli Ahmed Hilmi, *A'mak-ı Hayal* (İstanbul: İNSAN Kitap, 2016)
- Lütfi Filiz, *Noktanın Sonsuzluğu* 3ncü Kitap (İstanbul: Pan Yayıncılık, 2013)
- Lütfi Filiz, *Noktanın Sonsuzluğu* 4ncü Kitap (İstanbul: Pan Yayıncılık, 2015)
- Işık Yazan, *Gökyüzüne Kök Salmak* (İstanbul: Aktif Matbaa ve Reklam, 2016)
- Erzurumlu İbrahim Hakkı, *MARİFETNAME* (İstanbul: ATAÇ Yayınları, 2013)
- Ferit Kam, *Vahdet-i Vücud*, (İstanbul, Kapı Yayınları, 2015)

# BU KİTAPTAN EN İYİ NASIL YARARLANABİLİRSİNİZ?

Elinizdeki kitaptan azami faydayı çıkarmak için size bir önerim var naçizane.

Nasıl mı? Anlatayım.

Kitabın sonuna 3 ayrı sayfa ekledim...

Birinci sayfa bu kitaptan neler öğrendiğinize dair. Zira her kitabı okurken öğrendiklerimizin çoğunu 24 saat içinde unutuyoruz. Unutmamanın panzehiri ise tekrar. Kitapta altını çizdiğiniz ya da not aldığınız yerlere geri dönerek ve bunları kitabın arkasındaki bu sayfaya özet halinde yazarak kendiniz için önemli bulduğunuz bilgileri hem hatırlar hem de bu bilgilerin beyinde kısa süreli hafızadan uzun dönemli hafızaya atılmasına yardımcı olarak öğrenmenizi kalıcı kılabilirsiniz.

*İkinci sayfa ise bu kitabı okurken hayata, evrene dair bilgilerin dışında kendinize dair neler öğrendiğinize ilişkindir. Bu kitap kendinizden kendinize yolculuğunuzda size ne gösterdi? Neyi anlattı? Neler için ayna tuttu size? Neler oldu içinizde? Neleri fark ettiniz kalbinizin derinliklerinde?*

Kitaptaki genel bilgilerden sizin için özel ve önemli olanları buldunuz, çıkardınız. Bunun ötesinde kendi içinize dönüp kendinize ayna tuttunuz. Eyleme geçmeyen farkındalık pişmanlık yaratır. Cehaletin sorumluluğu azdır, bilmenin ise fazla.

Bu yüzden üçüncü sayfa kitabı bitirdiğiniz andan itibaren kendinize çizeceğiniz gelişim planı ve aksiyonlar ile ilgili. Neyi hayatınızda farklı yapacaksınız? Neyi değiştirecek, neyi, bırakacaksınız? Neleri geliştireceksiniz? Tüm bunları ne zaman ve nasıl yapacaksınız? İlerleme kaydettiğinizi nasıl ve nereden bileceksiniz, nasıl kontrol edeceksiniz?

Bir kitabı sadece okumanın ötesine geçip, kitaptaki bilgilerin sizi size buldurmak yani farkındalığınızı artırmak için size AYNA tutmasına izin verirseniz, o zaman bu güçlü ve gelişmeye açık yönlerinizi hayatta daha mutlu, başarılı ve huzurlu olmak için nasıl geliştireceğinize dair aksiyonları da çıkartabilirsiniz.

Bir kitabı onca zaman harcayarak okuyup bu bilgilerden sonra kendi içimize dönerek gelişim planları hazırlamak ve bu gelişim aksiyonlarını *önceliklendirerek* uygulamak kendi ruhunuza yaptığınız bir yatırımdır. Hayat kısa ve her nefeste gelip geçiyor. O yüzden hayat kitabını okumanız için elinize alıp okuduğunuz kitaplara da size AYNA tutması için izin verin. Unutmayın ki bilmediğiniz şeyi geliştiremezsiniz.

Bir soru daha var...

Bir kitabı siz mi seçersiniz yoksa kitap elinize size ışık olmak için gelmesi gereken zamanda ve yerde mi gelir?

Ben genellikle ikincisini yaşadım. Hayat ihtiyacınız olanı size veriyor, yeter ki sabır ve sebatla arayalım. Çoğu insanın da bunu yaşadığını gözlemledim. Hiçbir şey tesadüf değil bu alemde. Gelen geldiyse vardır bir sebebi elbet. Sen sadece saf niyet ve iman ile gayret et. Sonra gelir kısmet.

Sevgiler,
Kenan

# BU KİTAPTAN NELER ÖĞRENDİM?

# KENDİME DAİR NELER ÖĞRENDİM?

# HAYATIMDA NELERİ FARKLI YAPMAYI SEÇİYORUM?

## NASIL ve NE ZAMAN YAPACAĞIM?